Lumina

Arbeitsheft 2

zu den Lektionen 21 – 40

von Ursula Blank-Sangmeister, Hubert Müller,
Helmut Schlüter und Kurt Steinicke

Vandenhoeck & Ruprecht

Abbildungsnachweis

Umschlagabbildungen: Links oben: H. Lade Fotoagentur, rechts oben: Hohe Domkirche Köln (Foto: R. Matz, A. Schenk/Dombauarchiv Köln), links unten: Lotos Film, rechts unten: H. Lade Fotoagentur. Die Zeichnungen stammen von Dietmar Griese, Laatzen.

Bibliografische Information der Deutschen Nationalbibliothek
Die Deutsche Nationalbibliothek verzeichnet diese Publikation in der
Deutschen Nationalbibliografie; detaillierte bibliografische Daten sind
im Internet über http://dnb.d-nb.de abrufbar.

ISBN 978-3-525-71022-7

Weitere Ausgaben und Online-Angebote sind erhältlich unter: www.v-r.de

© 2015, 2000, Vandenhoeck & Ruprecht, Götingen
Vandenhoeck & Ruprecht LLC, Bristol, CT, U.S.A.

Alle Rechte vorbehalten. Das Werk und seine Teile sind urheberrechtlich geschützt. Jede Verwertung in anderen als den gesetzlich zugelassenen Fällen bedarf der vorherigen schriftlichen Einwilligung des Verlages. Printed in Germany.

Satz: Schwarz auf Weiß GmbH, Hannover
Druck und Bindung: ⊕ Hubert & Co, Göttingen

21

21,1 *Übersetze in dein Heft.*

Cave Idus Martias

Caesari futura caedes multis prodigiis nuntiata est. Capuae homines villas novas exstruere cupiverunt et ea de causa sepulcra antiqua deleverunt.

5 In sepulcro Capyis, conditoris Capuae, tabulam invenerunt, in qua verba Graeca scripta erant: »Cum ossa Capyis inventa erunt, prognatus eius ab uno ex suis necabitur.«

Equi, quos Caesar deis consecraverat, pabulo absti-
10 nuerunt neque flere desierunt. Et Spurinna haruspex Caesari dixit: »Cave periculum! Cave Idus Martias!«

Idibus Martiis Caesar, etsi diu dubitaverat, tamen in curiam se contulit et Spurinnam haruspicem laetus salutavit: »Idus Martiae adsunt! Incolumis sum!« –
15 Sed Spurinna: »Adsunt, sed nondum praeterierunt.«

In curia coniurati, qui rem publicam diutius a dictatore administrari nolebant, Caesarem iam exspectabant. Subito eum adierunt, pugionibus vulneraverunt. Qui, postquam inter coniuratos etiam Marcum
20 Brutum vidit, clamavit: »Etiam tu, mi fili!« et multis vulneribus gravibus confectus mortem obiit.

Idus Martiae f. Pl.: Iden des März (= 15. März)

prodigium: unheilvolles Vorzeichen
Capua, ae f.: *Stadt in Süditalien*
sepulcrum: Grab

Capys, yis: *Eigenname*
conditor: Gründer
os, ossis n.: Knochen
inventa erunt: sie werden gefunden
prognatus: Nachkomme

consecrare: weihen
pabulo abstinere: nicht (mehr) fressen
Spurinna: *Eigenname*
haruspex, spicis m.: Opferschauer

praeterire: vorübergehen

coniurati, orum: Verschwörer
diutius (Adv.): länger
dictator: Diktator
nolebant: sie wollten nicht
pugio, ionis m.: Dolch
Marcus Brutus: *Eigenname; er gehörte zu Caesars Freundeskreis*
mi fili: *Vokativ*
confectus: geschwächt
134 Wörter; Sueton, Div. Iulius, 81 f.

21,2 *Setze aus dem Kasten die passenden Endungen ein (es bleiben keine übrig).*

turrim alt... – mar... periculosa – virorum felic... – tempora felic... – proeliis acr... – voc... acrium – sitis magn... – dolor... acres – mulieris fort... – homin... omnibus – loca omn... – negotium difficil... – bello crudel... – latronum crudel... – sit... magnam – a maioribus grav... – urb... omnium.

-ibus; -ibus; -ium; -e; -ium; -ia; -ae; -ia; -um; -es; -is; -am; -ibus; -i; -ium; -ia; -im

21,3 *Kleine, schwer zu merkende qu- Wörter – kennst du noch alle? Verbinde.*

quid?	wer?
quando?	was?
quem?	wie viele?
quod	obwohl
quo?	wie?
quot?	ein gewisser
quamquam	jedenfalls
quantus?	wen?
quidam	wohin?
quidem	weil; dass
quis?	wann?
quo modo?	wie groß?

Wie heißen die W-Fragewörter (werwaswowiewannwohin) auf Lateinisch?

....

21,4 Verumne est? – *Kreuze an (nachdem du den Informationstext im Buch S.155f. gelesen hast) und schreibe die Kennbuchstaben der korrekten Antworten hintereinander; es ergibt sich der Name einer römischen Provinz.*

Verumne est	verum	falsum
Caesarem proconsulem Galliae Cisalpinae fuisse?	t	a
Vercingetorigem Caesarem vicisse?	p	r
Caesarem in Helvetios crudelem non fuisse?	b	a
Caesarem commentarios de bello Gallico scripsisse?	n	o
pecunias Caesari interdum defuisse?	s	f
Caesarem dictatorem fuisse?	a	k
Caesarem Alesiam frustra *(erfolglos)* obsedisse?	s	l
Crassum Caesarem adiuvisse?	p	b
milites Caesaris senatoribus semper paruisse?	j	i

Caesarem cum civibus Romanis bellum gessisse?	n	k
omnes senatores Caesarem amavisse?	h	a

....

21,5 *Die Römer liebten starke Schimpfwörter. Einige harmlosere findest du im Folgenden; ihre Bedeutung kannst du erschließen oder auch einfach erraten. Ein Tipp: Es ist 4 mal a, 4 mal b und 3 mal c richtig.*

1. amator: a) Ackergaul   b) Pflug   c) Weiberheld
2. cacator: a) Scheißer   b) alte Kröte   c) Scherzkeks
3. homunculus: a) Staatsfeind   b) Drückeberger   c) Gartenzwerg
4. impudicus: a) Fanatiker   b) Affe   c) Lustmolch
5. macer: a) geiler Bock   b) Bohnenstange   c) Angeber
6. nihili homo: a) Dreckskerl   b) Nichtsnutz   c) Regenwurm
7. naso: a) Zinken   b) Schnecke   c) Räuber
8. pestis: a) Plattfuß   b) Pestbeule   c) Scheißkerl
9. senex hircosus: a) alter Bock   b) taube Nuss   c) Drecksack
10. lacticulosus: a) Schwächling   b) Milchbaby   c) Mörder
11. sus: a) Sau   b) Eiterbeule   c) Kriecher

22

22,1 *Übersetze in dein Heft.*

Apollos kleiner Bruder

Mercurius, filius Iovis et Maiae nymphae, mane natus et a matre in cunabulis positus iam meridie clam cunabula relinquit, ut loca exploret.

5 In itinere testudinem invenit; e testa eius lyram facit. Tum puer vaccarum gregem Apollini fratri sacrum videt, quem abducere constituit. Vaccis soleas facit, ne ungulae vestigia relinquant. Tum vaccas occultat, clam ad cunabula redit.

Maia: *Eigenname*
nympha: Nymphe
mane natus: am frühen Morgen geboren
cunabula, orum: Wiege
meridie (Adv.): mittags
clam (Adv.): heimlich

testudo, dinis f.: Schildkröte
testa: Schale
lyra: Lyra, Saiteninstrument
vacca: Kuh
grex, gregis m.: Herde
Apollo, linis: Apollo
solea: Schuh
ungula: Huf
vestigium: Spur
occultare: verbergen

10 Apollo frater, ubi gregem sacrum abductum esse vidit, Mercurium suspicatus est et, quamquam puer se totum diem cunabulis non exisse contendit, cunabula cum puero ad Iovem patrem portavit Mercuriumque furti accusavit. Tum denique Mercurius se fratrem ad gregem ducturum promisit.

suspicatus est: er verdächtigte

furti (Gen.) **accusare**: wegen Diebstahls verklagen

Sed ubi Mercurius in itinere lyra, quam fecerat, canere incepit, Apollo sono pulchro lyrae affectus »Audi, frater!«, inquit, »Da mihi lyram; ego tibi vaccas dono dabo.«

lyra (Abl.) **canere**: auf der Lyra spielen
sonus: Klang
affectus: beeindruckt, begeistert

20 Ita fratres fecerunt. Tum Mercurius ad matrem cunabulaque rediit.

131 Wörter; nach Homer, Hermeshymnus

22,2 *Tantalus hat wieder einmal gegen die Götter gefrevelt. Daher mussten sie sich neue Qualen für ihn ausdenken:*

Zunächst muss Tantalus folgende Formen in den Indikativ bzw. Konjunktiv Präsens verwandeln. Schreibe die neuen Formen in dein Heft.

adsunt – adeunt – tollant – tradamini – vigilo – timeantur – nescis – fugio – eligeris – custodias – creamini – committitis – contendit – imperatur – currimus – aufertis – bibis – appellatur – apponimus – appares – vincitis – toleremur – effundatis – cupiat – sum – sitis – compleamus – committitur – prosit – possunt – eligis.

22,3 *Iuppiter, der zufällig vorbeikommt, ist mit dem Arbeitstempo des Tantalus ganz und gar nicht zufrieden und gibt ihm weitere strenge Anweisungen. Übersetze in dein Heft.*

Iuppiter imperat,

- ut Tantalus laborem celeriter *(schnell)* finiat.
- ne Tantalus peccet.
- ne Tantalus semper homines adiuvet.
- ut Tantalus dolores magna cum virtute ferat.
- ne Tantalus semper postulet, ut a fame acri liberetur.
- ne Tantalus pueros deis pro cena apponat.
- ne Tantalus semper contendat, ut fructus *(Akk. Pl.: die Früchte)* capiat.
- ne Tantalus semper deos sapientes non esse cogitet.
- ut Tantalus curet, ne cibi deorum hominibus tradantur.

22,4 *Tantalus freut sich gar nicht über diese Befehle und erlaubt sich wiederum einige freche Bemerkungen gegenüber seinem Vater; dieser kontert mit weiteren Aufgaben:*

Tantalus soll von seinen Unterwelterfahrungen berichten und erzählen, wovor er im Hades Angst hat. Völlig entkräftet kann er seine Ängste nur noch mit Infinitiven statt mit konjugierten Formen ausdrücken.

Hilf Tantalus, indem du die Sätze richtig umformst.

Beispiel: timeo, (saxum me necare) – Timeo, ne saxum me necet.

Timeo,

(Cerberus me capere) ....

(fame atque siti acri vexari) ....

(dei me numquam doloribus liberare) ....

(numquam conviviis deorum interesse) ....

(pater Iuppiter me non amare) ....

(a deis numquam invitari) ....

(deos nullo modo decipere posse) ....

22,5 *Nachdem Tantalus diese Aufgabe gut erfüllt hat, meint er, er könne wiederum seinen Vater Iuppiter auf die Probe stellen, und versucht ihm durch schwierige lateinische Formen zu beweisen »deos sapientes non esse« – was ihm natürlich nicht gelingt.*

Bestimme folgende »Iuppiterformen« – Vorsicht, manche sind mehrdeutig!

a) det .... dat ....

dedit .... da ....

des .... dedidi ....

do .... dedo ....

dari ....

b) eo ....

ii ....

iis .... i ....

sit .... eant ....

erant .... fuerant ....

c) fer .... ferat ....

feret .... fers ....

ferris .... ferar ....

... und so muss Tantalus weiter in der Unterwelt schwierige Aufgaben ausführen ...

23

23,1 *Übersetze in dein Heft.*

De Phaedra et Hippolyto

Thesei, regi Atheniensium, et Hippolytae uxori, reginae Amazonum, filius fuit, qui Hippolytus appellatus est.

5 Post mortem reginae Theseus Phaedram in matrimonium duxit. Paucis annis post Phaedra amore privigni sui incensa est. Diu eo amore vexabatur; iterum iterumque secum cogitabat: »Ne semper isto amore nefario movear! Utinam Hippolytus me amet! O me
10 miseram! Quid faciam?«

Denique Phaedra et spe et timore affecta Hippolytum ad se vocavit et ei amorem suum confessa est. Qui horrore commotus effugit. Phaedra, omni spe deiecta, mortem sibi conscivit.

15 Antea autem epistulam ad Theseum maritum scripserat: Se ignominia coactam vitam deseruisse: Hippolytum sibi vim attulisse. – Cui, quamquam se innocentem esse dixerat, Theseus non credidit. Ira doloreque affectus filium suum urbem relinquere
20 iussit, postquam Neptunum deum, patrem suum, adiit: »Filius meus contra ius fasque honorem meum laesit. Sacer sit! Utinam Hippolytum morte punias!«

Itaque cum Hippolytus equis iunctis prope mare veheretur, subito e mari taurus ingens a Neptuno mis-
25 sus apparuit; a quo territi equi Hippolytum distraxerunt et necaverunt.

Phaedra: *Eigenname*
Hippolytus: *Eigenname*
Theseus (Dat. Thesei): *Eigenname*
Athenienses, ium: die Athener
Hippolyta: *Eigenname*
Amazones, um: Amazonen, *kriegerisches Frauenvolk*

privignus: Stiefsohn

confessa est: sie hat eingestanden
horror: Entsetzen
deiecta (m. Abl.): beraubt
mortem sibi conscivit: sie nahm sich das Leben

innocens, ntis: unschuldig

sacer *hier*: verflucht

cum equis iunctis veheretur: als er mit einem Pferdegespann fuhr
taurus: Stier
distrahere, -traho, -traxi, -tractum: zerreißen

164 Wörter

23,2 *Zu welchen in L. 23 erwähnten Personen passen folgende Aussprüche? Ordne zu.*

Cur non timeam de salute tua?	Creon
Impero, ut Polynices insepultus *(unbestattet)* relinquatur.	Ismene
Quid faciamus?	Antigone
Iram Creontis non timeamus.	Ismene
Deis pareamus.	Ismene
Timeo, ne soror mea occidatur.	Antigone
Deos oro, ut noctu id faciat.	Creon
Cur non dolorem renovem?	Antigone
Puniatur.	Ismene
Frater sepeliatur.	Creon
Necetur.	Antigone
Opto, ne capiatur.	Antigone
Potentiae regis resistamus et mori maiorum pareamus.	Ismene

23,3 *Latein für alle Lebenslagen. Übersetze.*

Ergo *(also)* bibamus!
Gaudeamus igitur, iuvenes dum *(solange)* sumus!
Do, ut des.
Anathema *(verflucht)* sit! *(Formel für die Exkommunikation aus der katholischen Kirche)*
Ignoramus, et ignorabimus.
Mulier taceat in ecclesia *(Kirche)*!
Non omnia possumus omnes.
Nullus est liber tam malus, ut non aliqua parte *(in irgendeiner Hinsicht)* prosit.
Omnia mea mecum porto.
Plenus venter *(Bauch)* non studet libenter.
Quidquid *(was auch immer)* agis, prudenter *(klug)* agas et respice *(berücksichtige)* finem.
Ubi bene, ibi patria.
Vivat, crescat, floreat *(florere: blühen)*!

23,4 *Für Kenner der Mythologie. Trage die Lösungen in die Pyramide ein. (Auch die unvollständigen Quadrate am Rand sind auszufüllen!)*

Zeile A: König, der Hercules die zwölf Arbeiten auftrug
Zeile B: Frau des Hades
Zeile C: Orpheus versuchte, sie aus der Unterwelt zurückzuholen.
Zeile D: Griechischer Weingott
Zeile E: Mutter Achills
Zeile F: Römischer Name für Odysseus
Zeile G: Oberste griechische Göttin
Zeile H: Schiff der Argonauten
Zeile I: Zeus verwandelte diese seine Geliebte in eine weiße Kuh, um sie vor seiner eifersüchtigen Frau zu verstecken.

Wenn du die Buchstaben, die durch die Zahlen 1 bis 6 gekennzeichnet sind, aneinander reihst, wirst du feststellen, dass sich in der Pyramide ein schreckliches Ungeheuer versteckt hat …

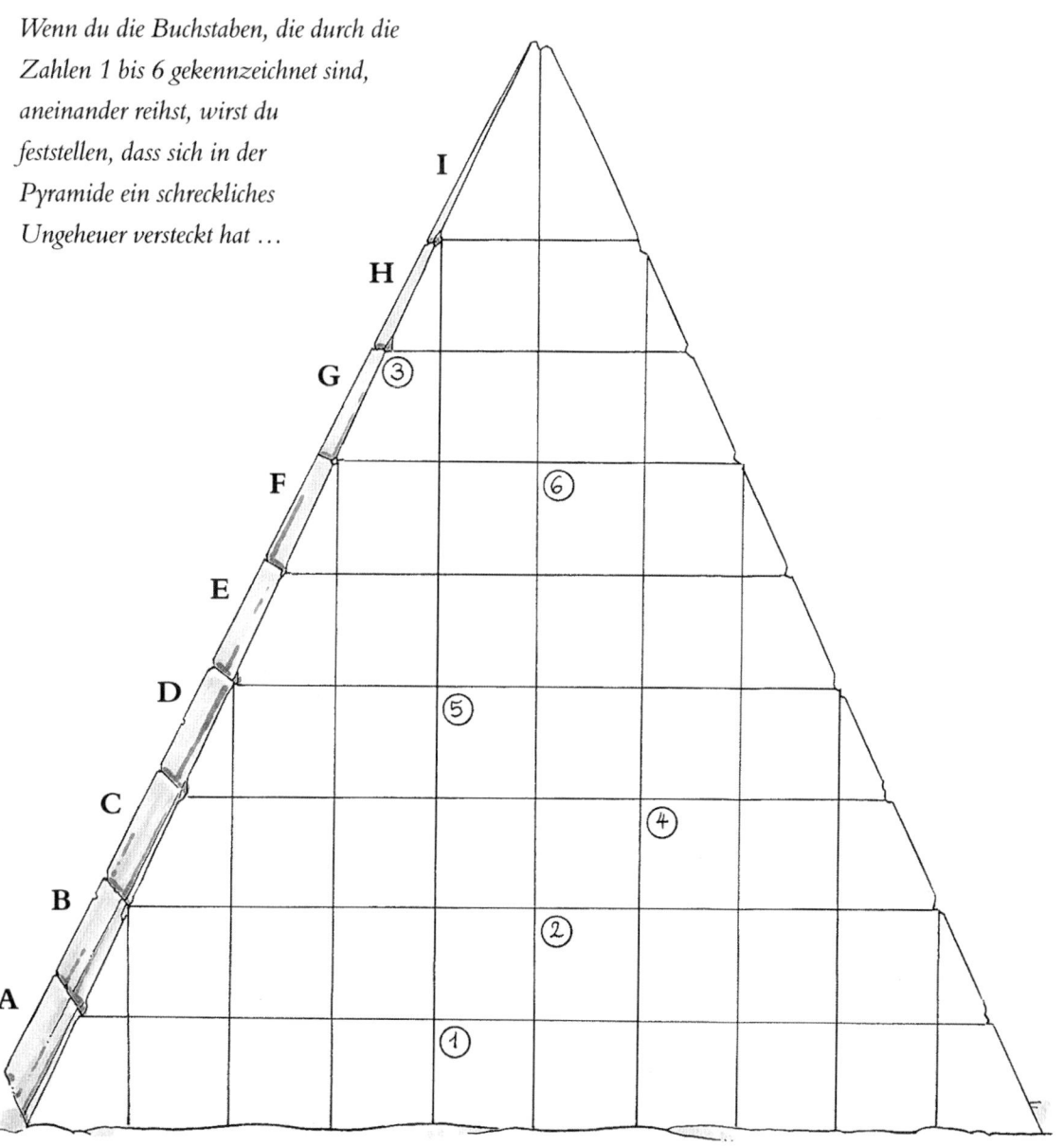

23,5 *Bilde Konsekutivsätze und übersetze sie.*

Beispiel: Fatigatus sum. → Laborare non possum: (Tam) fatigatus sum, ut laborare non possim.

1. Ismene se feminam infirmam esse putat. → Sorori auxilium ferre non potest. (tam)

....

....

2. Creon contumacia *(Ungehorsam)* Antigonae ira afficitur. → Eam morte punit. (tanta)

....

....

3. Post mortem patris fratres de regno contendunt. → Bellum civile parant. (tanta vi)

....

....

4. Antigone audax *(wagemutig)* est. → Ismene de salute eius timet. (tam)

....

....

24

24,1 *Übersetze in dein Heft.*

Hercules' erste Arbeit

Olim incolae Graeciae Eurystheum regem adierunt: »Oramus te, rex, ut nos a metu leonis saevi liberes. Bestia illa agros nostros vastat, homines magna crudelitate necat.« Tum rex imperavit: »Hercules veniat! Hic vobis auxilio sit, bestiam illam horribilem capiat!«

Hercules a rege leonem vel capere vel necare iussus se cum gladio, arcu, clava, quae ei arma erant, in Nemeaeum saltum, ubi leo habitabat, contulit. Diu eum quaesivit, tandem in monte quodam invenit.

Sagittas in leonem misit – sagittae eum non vulneraverunt. Gladio illam bestiam petivit – gladius fractus est. Ubi etiam clava fracta est, Hercules pellem leonis armis vulnerari non posse intellexit. Itaque bestiam manibus adiit et necavit.

Pellem illam invulnerabilem detraxit; hac tectus postea multis in pugnis multa pericula superavit.

Incolae autem Herculi gratias egerunt virumque fortem laudibus in caelum sustulerunt.

Eurystheus, ei: *Eigenname*

vastare: verwüsten

arcus, us m.: Bogen
clava: Keule
Nemeaeus saltus, us m.: Gebirge bei Nemea *(in Griechenland)*

sagitta: Pfeil
mittere, Perf. misi *hier*: schießen
frangere, frango, fregi, fractum: (zer)brechen
pellis, is f.: Fell; Haut

invulnerabilis, is: unverwundbar
detrahere, -traho, -traxi, -tractum: abziehen
tegere, tego, texi, tectum: bedecken; schützen

laudibus in caelum tollere: über alle Maßen preisen
129 Wörter

24,2 *Du kennst nun alle Deklinationen. Fülle die freien Kästchen so aus, dass die Wörter in jeder Zeile den gleichen Kasus und Numerus haben.*

	manum fortem					
		magnus taurus				
illi rei						
			(in) hac urbe			
				turrium altarum		
					uxores caras	
						serpentes periculosae

24,3 *Auch heute noch werden Texte in lateinischer Sprache verfasst, z.B. im Vatikan. Dabei muss vieles aus dem modernen Alltagsleben durch neu gebildete lateinische Begriffe ausgedrückt werden. Versuche zuzuordnen. (Nach: Neues Latein Lexikon, Lexicon recentis Latinitatis, Bonn 1998)*

ars nautica motoria .... domestica bibliotheca ....

manu scriptus .... caseus liquefactus ....

sufflamen manuale .... itinerum procurandorum sedes ....

redanimatio .... imaguncula Disneyana ....

coercitio mentis .... domestica vestis ....

manus ictus .... domiseda ....

extra ludum .... manu factus ....

pneumatici cummi pars prominens ....

qui mittit .... pyrobolus manualis ....

nexus viarum autocineticarum ....

macromolecula .... dulcorans ....

gelidarum sorbitionum taberna ....

Wiederbelebung – Reisebüro – Hausbibliothek – Süßstoff – Hausfrau – Händedruck – Abseits – Absender – Handgranate – Handfertigung – handgeschrieben – Hausanzug – Käsefondue – Motorbootfahren – Eisdiele – Gehirnwäsche – Makromolekül – Handbremse – Zeichentrickfilm – Reifenprofil – Autobahnkreuz

---

24,4 *Suche lateinische Wörter, von denen sich folgende englische Wörter ableiten lassen.*

necessary	....
just	....
exit	....
to elect	....
to desire	....
to doubt	....
beast	....
village	....
labour	....
master	....
to serve	....
famous	....
interested	....
mountain	....

fate	....
to resist	....
exercise	....

24,5 *Übersetze und gib an, in welcher Funktion das »Mehrzweckpronomen« qui, quae, quod jeweils steht (als Relativpronomen, als relativischer Satzanschluss, als adjektivisches oder substantivisches Fragepronomen).*

1. Amphitruo: »Quae femina maritum suum non fallit?«

....

....

2. Amphitruo: »Video duos serpentes, quos Hercules arripit, premit, necat. Qui non est filius hominis mortalis.«

....

....

....

3. Amphitruo: »Qui puer paucorum mensium serpentes necat, non filius hominis mortalis esse potest.«

....

....

4. Tiresias: »Alcumena semper fida est. Quae ipsa decepta est. Quod verum puta!«

....

....

5. Amphitruo: »Quae credere non possum. Quem deum iam adorem? Cui sacrificem?«

....

....

....

25

25,1 **Minos** (Gen. Minois) war ein mächtiger König von Kreta (**Creta**). Die Sage erzählt, dass er einmal gegen Athen Krieg führte, weil einer seiner Söhne in Athen ermordet worden war. Der König von Athen, **Aegeus**, musste beim Friedensschluss einwilligen, dass die Athener (**Athenienses**, ium) sieben Jungen und sieben Mädchen jährlich als Tribut nach Kreta senden. Dort wurden sie von **Minotaurus**, einem Ungeheuer mit Stierkopf auf einem menschlichen Körper, das in einem Labyrinth (**labyrinthus**) hauste, verschlungen. Das Schiff, das die Opfer nach Kreta brachte, segelte zum Zeichen der Trauer mit schwarzen Segeln.

Übersetze in dein Heft.

De Theseo et Ariadna

Theseus, filius regis Atheniensium, ubi civitatem tanta calamitate affici vidit, sua sponte se cum illis liberis miseris ad Minotaurum iturum promisit, ut cum bestia pugnaret. Quem Aegeus pater cum mitteret, imperavit ei, ut, si victor rediret, vela candida in nave haberet.

Theseus, postquam in Cretam venit, ab Ariadna, Minois filia, adamatus promisit se eam in matrimonium ducturum, si Minotaurum vicisset. Tum in labyrinthum missus monstrum illud necavit et auxilio Ariadnae servatus est. Illa enim ei licium dederat, quod Theseus revolvit, ut exitum labyrinthi inveniret.

Tum, ut promiserat, cum Ariadna Cretam clam reliquit. Postea autem cogitavit sibi opprobrio futurum esse, si Ariadnam, filiam regis hostium, uxorem in patriam duceret. Itaque in insula quadam Ariadnam dormientem clam reliquit et solus Athenas navigavit.

Sed quod vela atra mutare oblitus erat, Aegeus pater Theseum a Minotauro necatum esse credidit et in mare se praecipitavit; ex quo illud Aegeum mare est dictum.

Theseus: *Eigenname*
Ariadna: *Eigenname*

calamitas, tatis f.: Unglück

Aegeus: *Eigenname*
candidus, a, um: weiß

adamare: lieb gewinnen
si vicisset: wenn er besiegt hätte
labyrinthus: Labyrinth, Irrgarten
licium: Faden *(zum Knäuel aufgewickelt)*
revolvit: er wickelte (wieder) auf
exitus, us m.: Ausgang
clam (Adv.): heimlich
opprobrium: Vorwurf

dormientem (Akk. Sg.): schlafend
Athenae, arum: Athen

oblitus erat: er hatte vergessen
se praecipitare: sich stürzen
151 Wörter

25,2 *Wenn das Wörtchen »wenn« nicht wär ...*

Übersetze von a bis z in dein Heft.

a) Si hoc verum esset ... b) Nisi id timerem ... c) Si pater viveret ... d) Si strenuus essem ... e) Si ei credere possem ... f) Si resisterem ... g) Si id mihi placeret ... h) Si nonnulli me adiuvarent ... i) Nisi desperarem ... j) Nisi fallerer ... k) Si veniretis ... l) Nisi relinqueremur ... m) Si deliberaremus ... n) Nisi hoc negaretur ... o) Nisi impedirentur ... p) Si hoc demonstraretur ... q) Si defenderemini ... r) Si ambulares ... s) Nisi abhorrereris ... t) Si hoc adderetur ... u) Nisi latronem accusaremus ... v) Nisi dei adorarentur ... w) Si servus cibum afferret ... x) Si villam aedificaremus ... y) Si laudarer ... z) Nisi hoc negotium tam stultum esset ...

25,3 *Es geht dir wie Hercules, als er versucht, die unsterblichen Köpfe der Hydra zu erschlagen: Es kommen immer wieder neue zum Vorschein. Die vorgegebene Form verwandelt sich in*

- den Konjunktiv Präsens
- dann in das Passiv
- dann in den Konjunktiv Imperfekt
- dann in das Aktiv
- dann in den Indikativ

z.B.:
laudo: laudem – lauder – laudarer – laudarem – laudabam

Bilde ebenso »Hydren«.

fers ....

premimus ....

salutant ....

docetis ....

diligitis ....

mutas ....

cognoscit ....

commoveo ....

instruunt ....

audit ....

amo ....

25,4 *Beherrschst du noch die Wiedergabe von Partizipien? – Übersetze.*

1. Monstrum crudele Hydra nomine ab Iunone in Graeciam missum hominibus terrori erat.
2. Spiritus pestifer e corpore monstri missus omnes, qui appropinquabant, necabat.
3. Incolae magno terrore affecti Herculem orabant, ut se a monstro liberaret.
4. Hercules a Hydra eo modo oppressus spiritum tenebat *(hielt den Atem an)* et capita clava contundere *(mit der Keule einschlagen)* incipiebat.
5. Denique arbores inflammatas cepit et vulnera exussit *(er brannte aus)*. Caput ultimum Hydrae victae sub magno saxo abdidit.

25,5 *Auch von den Römern sind uns Graffiti (Wandkritzeleien) überliefert – wie diese aus Pompeji (zit. nach K. W. Weeber, Decius war hier ... Das Beste aus der römischen Graffiti-Szene, Zürich/Düsseldorf ²2000); übersetze in dein Heft.*

1. Minximus *(wir haben gepinkelt)* in lecto, fateor *(ich gebe es zu)*, peccavimus, hospes *(Wirt)*. Si dices: Quare *(warum)*? Nulla matella *(Nachttopf)* fuit.
2. Epaphra *(Eigenname)*, glaber *(Glatzkopf)* es.
3. Marcus Spendusam amat.
4. Cornelia Helena ab Rufo amatur.
5. Feliclam amat, Feliclam amat, Feliclam amat.
6. Qui amat, valeat! Pereat *(perire: zugrunde gehen)*, qui nescit amare.

26

26,1 *Übersetze in dein Heft.*

De Europa

Europa filia regis Phoenicum fuit. Quae aliquando flores in pratis prope Tyrum sitis collegit. Iuppiter magnam puellae pulchritudinem vidit et statim amore eius incensus est.

Phoenices, um: die Phönizier
flos, ris m.: Blume
pratum: Wiese
Tyrus: *Stadt in Phönizien*
pulchritudo, inis f.: Schönheit

Nescit autem, quo modo virgini appropinquare possit: Iuno uxor semper tam aemula est! Denique in formam tauri candidi mutatur et se iumentis regis Phoenicum immiscet.

aemulus, a, um: eifersüchtig
candidus, a, um: weiß
iumenta, orum: Weidevieh
se immiscere (m. Dat.): sich mischen unter

Taurum ubi videt Europa, miratur, quod tam pulcher tamque placidus est. Sed primo eum tangere metuit, mox adit et flores candidum ad os porrigit. Et gaudet deus amore incensus; oscula dat manibus.

miratur: sie wundert sich
placidus, a, um: sanft
porrigere, porrigo, -rexi, -rectum: darreichen
osculum: Kuss

Puella autem nescit, quis appropinquaverit, cui flores porrexerit, cui palpet. Denique in tergo tauri considere audet. Qui a pratis in mare currit et per mare altum praedam fert. Europam deus in Cretam insulam portat.

palpare (m. Dat.): streicheln
in tergo considere: sich auf den Rücken setzen
Creta: Kreta

Ibi dicit: »Ne suscensueris! Ne timueris! Ego Iuppiter sum!« – Postea Europa peperit Minoem, regem futurum Cretensium.

peperit (Ind. Perf.): sie gebar
Minos, Minois: *Eigenname*
Cretenses, ium: die Kreter
135 Wörter

26,2 *Verwandle folgende direkte Fragesätze in indirekte (gleichzeitige und vorzeitige) Fragesätze.*

1. Magister interrogat: »Ubi Marcus discipulus est?«

(Gleichzeitig): *Magister interrogat,* ....

(Vorzeitig): *Magister interrogat,* ....

(Gleichzeitig): *Magister interrogavit,* ....

2. Claudia interrogat: »Cur amicus non venit?«

(Gleichzeitig): *Claudia interrogat,* ....

(Vorzeitig): *Claudia interrogat,* ....

(Gleichzeitig): *Claudia interrogavit,* ....

3. Quintus magistrum interrogat: »Cur Orpheus oculos retro flectit?«

(Gleichzeitig): *Quintus magistrum interrogat,* ....

(Vorzeitig): *Quintus magistrum interrogat,* ....

(Gleichzeitig): *Quintus magistrum interrogavit,* ....

26,3 *Verwandle folgende finale Objektsätze in Prohibitive.*

Beispiel:

Pluto et Proserpina imperant, ne Orpheus oculos retro flectat.

Pluto et Proserpina: »Ne oculos retro flexeris, Orpheu *(Vokativ)*!«

1. Tantalus deos orat, ne se doloribus vexent.

   Tantalus: ....

2. Cicero postulat, ne iudices Verri credant.

   Cicero: ....

3. Tiberius Gracchus postulat, ne cives ut bestiae vivant.

   Tiberius Gracchus: ....

4. Aulus patricius imperat, ne Lucius se fallat.

   Aulus patricius: ....

5. Camilla Lucium orat, ne bovem vendat.

   Camilla: ....

26,4 *Fertige zu folgenden Bandwurmsätzen ein Satzschema an wie im Lehrbuch L. 16, S. 115, Übung 8.*

1. Orphei *(Dat.)*, qui poeta in Thracia vivebat, dei hanc artem praeclaram dederant, ut carminibus, quae lyra canebat *(lyra canere: zur Harfe singen)*, non modo homines delectaret, sed etiam bestias, immo arbores saxaque ita moveret, ut gauderent, dolerent, riderent, flerent ut homines.

2. Quod Eurydice, dum cum amicis per prata *(Wiesen)* ambulat, morsu *(durch den Biss)* serpentis laesa et statim veneno occisa est, tam graviter Orpheus doluit, ut saevis verbis deos interrogaret, quis eorum tam crudelis esset et qua de causa dei semper homines vexarent.

3. Orpheus, postquam ad portam Taenariam se contulit, carminibus suis Cerberum, canem trium capitum, qui vigilabat ad portam, ita mitigavit *(mitigare: besänftigen)*, ut virum fortem descendere ad inferos sineret.

26,5 *Mit deinen Lateinkenntnissen kannst du die Bedeutung vieler englischer, französischer, italienischer und spanischer Wörter erschließen. Von welchem lateinischen Wort sind folgende Wörter jeweils abzuleiten und was bedeuten sie?*

Englisch	Französisch	Italienisch	Spanisch	Lateinisch	Deutsch
number	le nombre	il nùmero	el número		
arms	l'arme	l'arma	el arma		
glory	la gloire	la gloria	la gloria		
spirit	l'esprit	lo spìrito	el espíritu		
faith	la foi	la fede	la fe		
peace	la paix	la pace	la paz		
–	tu aimes	ami	amas		
you have	tu as	hai	has		
–	écrire	scrìvere	escribir		
to commit	commettre	commèttere	cometer		
to move	mouvoir	muòvere	mover		
to respond	répondre	rispóndere	responder		
to accept	accepter	accettare	aceptar		
to study	étudier	studiare	estudiar		
–	être	èssere	ser		

27

27,1 *Übersetze in dein Heft.*

De Sisypho

Sisyphus, rex Corinthiorum, cum impietate omnes homines superaret, a deis morte punitus est. Cum autem a Morte in Tartarum duceretur, ei contigit, ut
5 Mortem vinceret et vinciret. Qua de causa nemo hominum mortem obire poterat. Denique Mars a deis iratis missus Mortem liberavit.

Tum dei Sisyphum iterum in Tartarum abduci iusserunt. Is autem secum cogitavit, quo modo deos
10 iterum falleret. Itaque coniugi versute imperavit, ne sibi post mortem inferias daret. Sisyphus autem, cum in Tartaro esset, Plutonem rogabat, ut sibi in terram redire liceret, ut coniugem de inferiis admoneret.

Pluto »Si te«, inquit, »in Tartarum statim rediturum
15 esse promittas, tibi coniugem adire liceat.« Quae Sisyphus promisit et in terram se contulit. Sed ad inferos non redescendit, cum se rediturum promisisset; immo multos annos cum coniuge vitam beatam agebat. Senex denique mortem obiit.

20 Sisypho post mortem iterum in Tartarum ducto Iuppiter pro poena laborem imposuit, ut omnibus viribus saxum in montem altum volveret. Cum autem laboribus ingentibus fatigatus in summum montem pervenerat, saxum semper revolvebatur.

Sisyphus: *Eigenname*

Corinthii, orum: die Korinther
impietas, tatis f.: Gottlosigkeit

Mors, Mortis *hier:* der Tod *(als Person)*
Tartarus: die Unterwelt
ei contigit: es gelang ihm
vincire: fesseln
Mars, Martis: Mars, *der Kriegsgott*

versute (Adv.): schlau; listig
inferiae, arum: Totenopfer
Pluto, onis: Pluto, *der Gott der Unterwelt*
admonere de: erinnern an

redescendere: wieder hinabsteigen

senex, senis m.: alter Mann

pro poena: als Strafe
imponere, -pono, -posui, -positum: auferlegen

revolvebatur: er rollte zurück
166 Wörter

27,2 *Penelope hat wieder einmal bis spät abends gewebt und vor lauter Kummer Fehler gemacht. Spüre die Fehler auf und korrigiere sie (in einer Zeile stehen immer Verbformen mit gleichem Numerus, gleicher Person, gleicher Diathese [Aktiv/Passiv]).*

Präsens Konjunktiv	Imperfekt Konjunktiv	Perfekt Konjunktiv	Plusquamperfekt Konj.
discedam	discederem	disceserim	discessises
supersit	supersisset	superfuerit	superfuisset
adveniant	advenient	advenerint	advenissetis
adolesas	adolescereris	adoleveris	adolevisses
iungimini	iungeremini	iuncti sitis	iuncti essetis
fleamus	feremus	feverim	flevissemus
temptentur	temptarentur	temptati sint	temptavissent
tangaris	tangereris	tactus sim	tactus esses

27,3 *Im folgenden Teil des Gewebes gab es einen Brandschaden: Eine Lampe fiel um und hat leider einige große Löcher in das Gewebe gebrannt. Behebe den Schaden.*

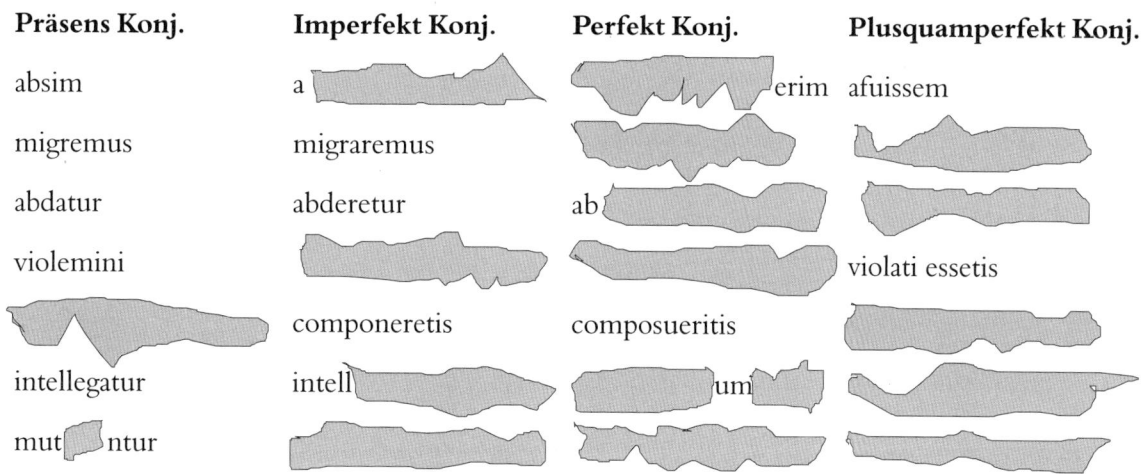

27,4 *Der unterste Teil des Gewebes ist so verbrannt, dass Penelope es nur mithilfe der Amme Eurykleia ausbessern kann.*

Präsens Konj.	Imperfekt Konj.	Perfekt Konj.	Plusquamperfekt Konj.
opprim...	...	...	...esset
g...	...rereris	...sta...	ge...
	ex...et	...strux...	
inter...	...é...	...f...	...es
c...ris		...aes...	
...et	da...	...sit	
		...l...	a...isses
...a...	...s	...ec...	f...
s...	...es	f...	

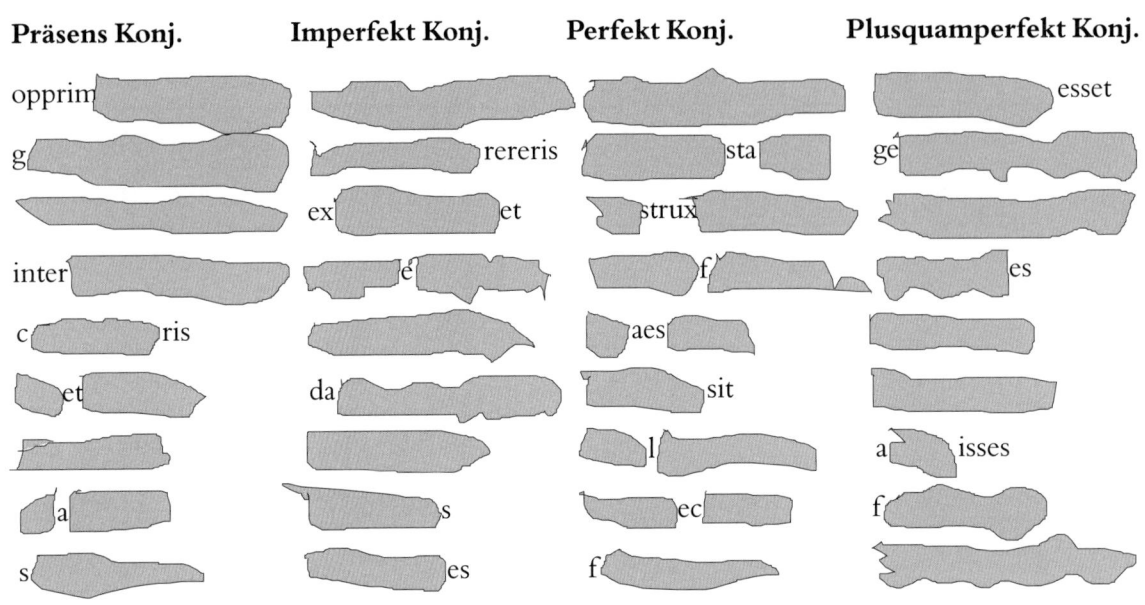

27,5 *Penelope in Nöten: Er liebt mich, er liebt mich nicht, er liebt mich. Übersetze und stelle fest, ob ein Realis, Irrealis der Gegenwart, Irrealis der Vergangenheit (oder eine Mischung aus Irrealis der Gegenwart und der Vergangenheit) oder Potentialis der Gegenwart vorliegt, d.h., ob Penelope noch mit der Liebe des Odysseus rechnet oder nicht.*

1. Si Ulixes me amaret, epistulam per nuntium mitteret.

   ....

2. Si Ulixes me amat, mox redibit.

   ....

3. Si Ulixes aliam feminam amat, non redibit.

   ....

4. Si Ulixes me amavisset, non Troiam abisset.

   ....

5. Si Ulixes me amet, etiam ego eum amem.

   ....

6. Si Ulixes me amaret, amorem meum desideraret.

....

7. Si Ulixes me amaret, iam domum redisset.

....

8. Si Ulixes me amavisset, Menelaum non adiuvisset.

....

27,6 *Die Freier blicken nicht mehr durch: Was meint Penelope mit folgendem Satz? Probiere alle Möglichkeiten den cum-Satz wiederzugeben aus.*

Cum etiam noctu laboravissem, vestis feralis *(Leichenkleid)* nondum perfecta est. *(perficere: vollenden)*

28

28,1 *Übersetze in dein Heft.*

M. Tullius Cicero und die Philosophie

O philosophia, vitae dux!

Quid vita hominum sine te esse potuisset?

Tu urbes peperisti, tu homines in societatem vitae
5 convocavisti, tu eos inter se primo domiciliis, deinde matrimoniis, tum litterarum et vocum communione iunxisti.

parere, pario, peperi, partum: hervorbringen
societas, tatis f.: Gemeinsamkeit
domicilium: Wohnsitz
litterae, arum: *im Pl.*: Schrift
communio, ionis f.: Gemeinschaft

Tu leges invenisti, tu magistra morum fuisti.

magistra: Lehrmeisterin

Ad te fugimus in periculis, a te auxilium petimus re
10 publica a scelestis rapta.

Cui nos totos tradamus nisi tibi, quae vitae tempestates terroremque mortis sustulisti?

Unum enim diem, quem bene et ex praeceptis tuis ago, omnibus rei publicae honoribus antepono.

praeceptum: Vorschrift, Lehre
anteponere: voranstellen; höher bewerten
82 Wörter; Cicero, Tuscul. disp. 5,2ff.

28,2 *Ergänze die Sätze durch* ablativi absoluti, *die du aus den Wörtern in Klammern gebildet hast, und übersetze sie in dein Heft.*

Beispiel: Tiberius senatores monuit, ut cives miseros adiuvarent. (curas plebis narrare)
Tiberius *curis plebis narratis* senatores monuit, ut cives miseros adiuvarent.

1. Tiberius tribunus plebis creatus est. (civibus miseris auxilium promittere)

....

2. Populus leges novas tulit. *(legem ferre: ein Gesetz beschließen)* (orationem habere)

....

3. Multis civibus agri redditi sunt. (leges novas ferre)

....

4. Orator rem publicam Romanam magna gloria affectam esse dixit. (bonos mores colere)

....

5. Orator deos res humanas non curare dixit. (homines malos a sceleribus non prohibere)

....

6. Iuvenes oratorem laudaverunt. (rem in utramque partem *[nach zwei Seiten hin]* disputare)

....

28,3 *Bekannt – und doch anders. Unterstreiche die* ablativi absoluti *und übersetze dann den Text in dein Heft.*

Urbe Roma a Romulo munita alii viri in civitatem novam vocati sunt. Asylo *(asylum: Asyl)* et liberis et servis aperto multi venerunt. Conubio *(conubium: Heirat)* mulierum a finitimis negato Romulus dolum paravit:

5 Finitimis ad ludos invitatis multi e populo Sabinorum cum liberis atque uxoribus Romam convenerunt. A Romanis salutati per urbem novam ducti sunt. Cunctis ad spectaculum convocatis signum a Romulo datum est: A viris Romanis raptae sunt virgines Sabinae.

10 Sabinis iustum in matrimonium ductis *(iustum in matrimonium ducere: nach römischem Recht heiraten)* Romani uxoribus suis vitam

iucundam praebebant. Et ira Sabinarum et desiderio parentum paulatim minuto Sabini a parentibus virginum Sabinarum ad bellum incitabantur.

15 Acie inter Palatium et Capitolium *(zwei Hügel in Rom)* instructa una e Sabinis orationem habuit et postulavit, ut feminae Sabinae bellum finirent. Vincitur timor, mulieres inter viros armatos currere audent. Sic patribus, sic maritis oratis turba saeva verbis mulierum movetur.

28,4 *Schreibe die entsprechende lateinische Konjugationsreihe daneben.*

Französisch	Lateinisch
je suis	....
tu es	....
il est	....
nous sommes	....
vous êtes	....
ils sont	....

Italienisch	Lateinisch
amo	....
ami	....
ama	....
amiamo	....
amate	....
amano	....

Wie bilden romanische Sprachen die Perfektformen? Schreibe zum Vergleich die lateinischen Formen daneben.

Französich	Italienisch	Spanisch	Lateinisch
j'ai aimé	ho amato	he amado	
tu as aimé	hai amato	has amado	
il a aimé	ha amato	ha amado	
nous avons aimé	abbiamo amato	hemos amado	
vous avez aimé	avete amato	habéis amado	
ils ont aimé	hanno amato	han amado	

Von welchem lateinischen Wort lässt sich der erste Bestandteil der Perfektformen jeweils ableiten?

29

29,1 *Übersetze in dein Heft.*

Bias

Bias philosophus unus ex septem illis viris sapientissimis fuit.

septem: sieben
sapientissimus, a, um: der Weiseste

Aliquando, cum hostes patriam eius invasissent, qui
5 caede belli incolumes abire poterant, omnes res pretiosas secum portantes effugerunt.

pretiosus, a, um: wertvoll

Bias autem nihil in fuga secum ferens interrogatus, cur nihil ex rebus suis servaret, »Ego vero«, inquit, »omnia mea mecum porto.«

vero (Adv.): doch
49 Wörter; Valerius Maximus, Facta et dicta memorabilia VII, 2,3

29,2 *Fülle die leeren Kästchen aus.*

	Singular	**Plural**
Nominativ		
Genitiv		
Dativ		avibus cantantibus
Akkusativ		
Ablativ		

	Singular	**Plural**
Nominativ		
Genitiv	discipuli discentis	
Dativ		
Akkusativ		
Ablativ		

29,3 *Übersetze die Partizipien auf möglichst viele Arten (konjunktionaler Gliedsatz, Hauptsatz, präpositionaler Ausdruck) in dein Heft und versuche dabei immer die richtige Sinnrichtung zum Ausdruck zu bringen.*

1. Avis cantans nos delectat.
2. Socratem multa scientem Athenienses occiderunt.
3. Deo sapientiam Socrati attribuente viri nobiles se sapientissimos putabant. *(sapientissimus: der Weiseste)*

29,4 *Übersetze in dein Heft und gib die semantische Funktion des Partizips / der Partizipien an.*

1. Gavius fugiens a Verre comprehensus est.
2. Tribuno militum Caesarem laudante non omnes milites Caesarem amabant.
3. Tantalus magnas divitias possidens deos superare cupiebat.
4. Creonti iura deorum laedenti Antigone non paruit.
5. Amphitruo Herculem bestias manibus arripientem, prementem, necantem filium suum non esse putabat.

6. Hercules capita Hydrae clava contundens *(clava contundere: mit der Keule einschlagen)* monstrum necare non potuit.
7. Dei Orphei *(Dat.)* dolorem suum lyra cantanti Eurydicem reddiderunt.
8. Proci *(procus: Freier)* fraudem Penelopis vestem texentis *(texere: weben)* cognoverunt.
9. Romani verba philosophorum Graecorum multa disputantium periculosa esse putabant.

29,5 *Übersetze folgende Sentenzen des Philosophen Seneca (um 50 n. Chr.).*

Zeit

1. Dum differtur vita, transcurrit. *(dum: solange; differre: verschieben; transcurrere: vorübereilen)*

....

2. Nihil tam utile est, ut in transitu prosit. *(transitus, us m.: das Vorübergehen)*

....

3. Nusquam est, qui ubique est. *(nusquam: nirgends)*

....

Besinnung auf sich selbst

4. Recede in te ipse, quantum *(soweit)* potes.

....

5. Se contentus est sapiens.

....

6. Qui se habet, nihil perdidit. *(perdere, Perf. perdidi: verlieren)*

....

Freude

7. Verum gaudium res severa est. *(severus, a, um: ernst)*

....

Heimat

8. Non sum uni angulo natus, patria mea totus hic mundus est. *(angulus, i m.: Ecke, Winkel)*

....

Reisen

9. Animum debes mutare, non caelum.

....

Das menschliche Wesen

10. Rationale enim animal est homo. *(rationalis, e: vernunftbegabt; animal, is n.: Lebewesen)*

....

Wahres Leben

11. Non enim vivere bonum est, sed bene vivere.

....

30

30,1 *Übersetze in dein Heft.*

Sentenzen aus dem Bereich der Medizin

1. (Utinam) mens sana in corpore sano (sit)!
2. Medicus curat, natura sanat. — **sanare**: heilen
3. Dolor animi est gravior quam dolor corporis. — **gravior quam**: schlimmer als
4. Mala est medicina, ubi aliquid naturae perit. — **medicina**: Medizin, Heilkunst; **perire**: untergehen
5. Male secum agit aeger, qui medicum heredem facit. — **heres**, heredis m.: Erbe
6. Medicorum nutrix est intemperantia. — **nutrix**, icis f.: Amme; Ernährerin; **intemperantia**: Maßlosigkeit
7. Male habebit medicus, si nemo male habuerit. — **aliquis male habet**: jmdm. geht es schlecht; **habuerit**: *übersetze als Präsens*
8. Medicina calamitatis est aequanimitas. — **calamitas**, tatis f.: Unglück; **aequanimitas**, tatis f.: Gleichmut, Geduld
9. Amoris vulnus sanat idem, qui facit.
10. Similia similibus curantur. — **similis**, e: gleichartig; ähnlich

57 Wörter

30,2 *Bei folgenden Formen gibt es ebenfalls etwas »einzurenken«. Finde jeweils die Form heraus, die nicht in die Formenreihe passt, und »korrigiere« sie.*

1. sequor, sequar, sequebar, secutus sim, secutus eram

....

2. sequerer, sequereris, sequeretur, sequeremus, sequeremini, sequerentur

....

3. vereris, verereris, veritus sis, veritus esses

....

4. veretur, vereberis, verebatur, veritus est, veritus erat ....

5. utar, uterer, usus essem, usus est ....

6. lavamini, lavabimini, lavabamini, lavatus es, lavati eratis ....

7. venamur, venaturus, venatus ....

30,3 *Bei folgenden Verbformen ist ein chirurgischer Eingriff nötig: Du musst jeweils einen oder zwei Buchstaben herausschneiden, damit sich eine sinnvolle Form ergibt.*

verereremini – vereare – loquearis – locutae sum – loquintur – utio – sequebaristi – lavabesris – lavarimini – lavabunturi – uteberis – venabutur – loquir – usus essemus – utentris – loquentesor.

30,4 *Einige lateinische Sätze aus dem Bereich der Medizin. Was bedeuten sie? Suche die passende Erklärung heraus.*

1. Medicina soror philosophiae:
a) Der Arzt hat eine Schwester mit Namen »Sophia«.
b) Medizin und Philosophie sind ganz eng miteinander verwandt.
c) Medizin ist ein Teil der Philosophie.

2. Vita brevis *(brevis, e: kurz)*, ars longa:

a) Das Leben ist zu kurz, um sich in allen Bereichen der Medizin auskennen zu können.

b) Je mehr sich die Medizin um den Patienten kümmert, desto kürzer lebt dieser.

c) In einem kurzen Leben liegt die wahre Kunst.

3. Orandum est *(man muss darum beten)*, ut mens sana in copore sano sit:

a) Wer in der Mensa isst, braucht einen gesunden Körper.

b) Das Wichtigste ist Gesundheit an Geist *und* Körper.

c) Sportliche und geistige Fitness schließen sich aus.

4. Medicus curat, natura sanat *(sanare: heilen)*:

a) Der eigentliche Arzt ist die Natur.

b) Je mehr der Arzt herumkuriert, desto langsamer wird man gesund.

c) Nur der Arzt kann heilen, nicht die Natur.

5. Morbus *(Krankheit)* sacer:

a) ist eine Form von Darmverschluss.

b) ist eine Krankheit, gegen die es kein Mittel gibt.

c) ist die Epilepsie.

6. Non vivere, sed valere vita.

a) Man soll sich nicht darum kümmern zu leben, sondern soll dem Leben »Vale!« sagen.

b) Im Leben kommt es nicht darauf an gesund zu sein.

c) Zum richtigen Leben braucht man umfassende Gesundheit.

7. Innumerabiles *(innumerabilis: unzählig)* morbos miraris *(mirari m. Akk.: sich wundern über)*? – Medicos numera!

a) Je mehr Ärzte man aufsucht, desto mehr Krankheiten hat man.

b) Weil es so viele Krankheiten gibt, gibt es auch so viele verschiedene Fachärzte.

c) Je länger die Kontonummer des Arztes, desto schneller wird der Patient gesund.

31

31,1 *Übersetze in dein Heft.*

1. Der Schatzfund

Thesaurus est vetus quaedam depositio pecuniae, cuius non iam est memoria, ut ea res dominum non habeat. Sic enim fit eius, qui invenit, quod alterius non est.

Alioquin, si quis aliquid vel lucri vel metus vel custodiae causa abdidit sub terra, non est thesaurus. Cuius rei etiam furtum fit.

thesaurus: Schatz
depositio, ionis f.: Hinterlegung

alterius: Gen. von alius

alioquin: jedoch; andernfalls
custodia: Aufbewahrung
sub terra: unter der Erde
Paulus, Ad edictum XXXI
49 Wörter

§ 984 BGB Wird eine Sache, die so lange verborgen gelegen hat, dass der Eigentümer nicht mehr zu ermitteln ist (Schatz), entdeckt und infolge der Entdeckung in Besitz genommen, so wird das Eigentum zur Hälfte von dem Entdecker, zur Hälfte von dem Eigentümer der Sache erworben, in welcher der Schatz verborgen war.

2. Mängelrüge: Der Bettnässer

De eo servo, qui urinam facit, quaeritur.

Respondetur: Ille servus non propter eam rem sanus non est, quod somno vinoque oppressus aut etiam pigritia surgendi urinam in lecto facit.

Si autem vitio vesicae urinam tenere non potest, redhiberi potest; idque non quia urinam in lecto facit, sed quia vitiosam vesicam habet.

urina: Urin
quaerere *hier:* eine Anfrage an einen Juristen richten

pigritia (Abl.) **surgendi**: aus Faulheit aufzustehen

vitium: Fehler; *hier:* Krankheit
vesica: Harnblase
redhibere: (*dem Verkäufer*) zurückgeben
vitiosus: krank
Ulpianus, Ad edictum aedilium curulium
51 Wörter

§ 459 BGB, Abs. 1: Der Verkäufer einer Sache haftet dem Käufer dafür, dass sie in der Zeit, zu welcher die Gefahr auf den Käufer übergeht, nicht mit Fehlern behaftet ist, die den Wert oder die Tauglichkeit zu dem gewöhnlichen oder dem nach dem Vertrage vorausgesetzten Gebrauch aufheben oder mindern. Eine unerhebliche Minderung des Wertes oder der Tauglichkeit kommt nicht in Betracht.

31,2 *1. Wie werden in Text 1 thesaurus und die Rechte des Finders bestimmt? Wie im BGB?*

....

....

....

2. Was gilt nach Text 2 als Grund, den gekauften Sklaven dem Verkäufer zurückzugeben?

....

31,3 *Adverbien sind das Sinn-Gewürz der Sätze. Sisyphus hat mühsam einen Sack davon angeschleppt. Setze sie in die Sätze sinnvoll ein (es bleiben keine Adverbien übrig). Übersetze dann die Sätze in dein Heft.*

1. Mulis[1] .... trahentibus tamen plaustrum .... iit.

2. Si servus miser .... e medio exisset, mortem .... non obisset.

3. Hercules, cum leoni .... appropinquavisset, ... pugnans .... eum gladio petivit.

4. Mercurius puer Apollini: »..................... cunabulis[2] .... exii, frater; .... dormiebam.«

5. Theseus, quamquam omnia pericula .... superaverat, vela atra[3] non mutavit.

6. Cum Europa .... in tergo tauri[4] consedisset[5], ille eam .... per mare tulit.

7. Sisyphus morte .... vincta[6] laetus in terram rediit.

1 **mula**: Maulseelin 2 **cunabula** (n. Pl.): Wiege
3 **vela atra** (n. Pl.): schwarze Segel 4 **in tergo
tauri**: auf dem Rücken des Stiers 5 **considere**
(Perf.: consedi): sich niedersetzen 6 **vincire**
(PPP: vinctus): fesseln

libenter, feliciter, retro, nondum, hodie, firme, semper, strenue, misere, rapide, fortiter, frustra, caute, celeriter

31,4 *Wozu* fieri *alles gut ist!*

Ordne die lateinischen Sätze oder Satzteile den deutschen Sätzen oder Redewendungen zu.

… wie es meistens passiert. ....

Von nichts kann nichts kommen. ....

…, dass … ein Unglück passiert. ....

Das kann vorkommen. ....

… nach Möglichkeit. ....

…, was sie zu tun hätten. ....

Ich kann mich natürlich auch irren. ....

Es werde Licht und es ward Licht. ....

1. Id fieri potest.
2. Fiat lux et facta est lux.
3. Consul militibus dixit, quid fieri cuperet.
4. Fieri potest, ut fallar.

5. …, si fieri potest.
6. Ex nihilo *(Abl. zu* nihil*)* nihil fieri potest.
7. …, ut fieri solet *(solere: gewohnt sein)*.
8. Mater timet, ne quid filio fiat.

31,5 *Welche der folgenden Wörter sind Adverbien? Wenn du ihre Anfangsbuchstaben aneinander reihst, erhältst du ein Sprichwort.*

bibere – bene – infelici – interim – sanos – se – satis – diu – clama – apud – aliter – tandem – quidem – undique – noster – mare – immo – grege – cum – certe – inter – ire – ibi – tres – muri – tum – nihil – erga – ego – olim – difficilem – dic – colle – denuo – maturi – aegre – tamen.

Übersetze das vorletzte Wort wie celeriter.

....

31,6 *Multiple choice – Alles zur Auswahl*

Von den jeweils drei Behauptungen sind zwei falsch. Reihe die Buchstaben der richtigen aneinander und du erhältst den Namen eines Ungeheuers aus der griechischen Sage.

1. m) In Rom durfte ein gestohlener und in einem Haus eingebauter Holzbalken von seinem Eigentümer wieder herausgerissen werden, auch wenn dadurch das Haus einstürzte.
   o) Ins Haus eingebaute Steine wurden Eigentum des Erbauers, auch wenn sie ihm vorher nicht gehörten.
   h) Wenn jemand sein Dach mit Säulen stützte, die einem anderen gehörten, durften sie stehen bleiben, aber er musste sie ihm nachträglich bezahlen.

2. z) Die römischen Kaiser kümmerten sich nur um Kriegführung; die Rechtsprechung überließen sie den Prätoren.
   y) Rechtsgutachten, die der Kaiser persönlich erteilte, hatten zukünftig Gesetzeskraft.
   b) Die Kaiser griffen nur selten in die Rechtsprechung ein.

3. d) Socrates versuchte im Frage- und Antwortspiel die Wahrheit zu ergründen.
   m) Socrates hinterließ zahlreiche Schriften, die im Mittelalter als Grundlage für die Lehre an den Universitäten dienten.
   n) Socrates behauptete, der weiseste aller Athener zu sein.

4. a) Theseus schleppte das Ungeheuer Minotaurus aus dem Labyrinth und opferte es der kretischen Göttin Ariadne.
   r) Theseus überwand den Minotaurus und errettete dadurch die vierzehn athenischen Kinder vor dem Tode.
   t) Theseus fesselte den Minotaurus mit einem Strick aus Wolle und trug ihn in den Palast des Eurystheus.

5. i) Sisyphus fesselte das Ungeheuer Cerberus, das den Ausgang aus der Unterwelt bewachte, sodass alle Toten wieder an die Oberwelt kommen konnten.
   a) Sisyphus entwich zweimal dem Tod und dem Aufenthalt in der Unterwelt.
   k) Da seine Frau ihm keine Totenopfer darbrachte, musste Sisyphus in der Unterwelt schwere Qualen erleiden.

32

32,1 *Übersetze in dein Heft.*

Num scientia sanctitati obest?

Scio multos homines ad sanctitatem maximam sine scientia librisque pervenisse; sed neminem scientia librisque a sanctitate prohibitum esse scio.

5 Si de me loqui licet, ita censeo:

Facile fortasse, sed ignavum est iter per inscientiam ad virtutem viroque erudito indignum. Unus est finis bonorum, multae autem et variae sunt viae hominum ad virtutem contendentium: Ille tardius, hic ce-
10 lerius, ille obscurius, hic altius incedit. Quorum quidem omnium peregrinatio beata est, sed ea peregrinatio certe multo dignior est, quae adiuvatur scientia.

Post mortem, quamquam studia haec omnia relinquere cogimur, tamen animum meum liberius in
15 loca pia perventurum esse spero.

sanctitas, tatis f.: Frömmigkeit
obesse: hinderlich sein

finis bonorum *hier:* Ziel alles Guten

tardus, a, um: langsam
obscurius – altius: *s. Textfragen 32,2*
quidem ... sed: zwar ... aber
peregrinatio, ionis f.: Wanderung

pius, a, um: fromm; *hier etwa:* selig
100 Wörter; Petrarca, Brief an Boccaccio; aus Senilia I,5

32,2 *1. Fasse die Aussagen des Textes zusammen. Wer würde zustimmen – Antronius oder Magdalia?*

....

....

2. Erläutere die beiden Gegensatzpaare tardius – celerius *und* obscurius – altius *in Zeile 9/10.*

....

....

32,3 *Jedem Substantiv sind Adjektive zugeordnet. Nicht alle passen nach KNG. Schreibe die passenden heraus.*

iudices   eruditi – suavi – crudeles – incolumis – novi – sapienti – elegantiores – crudeli – horribiles – novos – eleganti – meliores – acerrimi – acri

....

....

dearum felicium – infidum – vanarum – miserum – ignotum – iustarum – immortalium – crudelium

....

....

flumen minus – vivus – celere – minore – altius – magnus – ingens – horribile – ingente – laetus

....

....

flumini minori – ultimi – celeri – improbi – alto – celerrimi – ingenti – ignoto – rapidi – horribili

....

....

poetae sapienti – ceteri – sanae – aegro – impudentes – malae – mali – novos – eleganti – meliores – elegantissimo

....

....

32,4 *Der Elativ muss nicht immer mit dem farblosen »sehr« übersetzt werden. Wir haben uns etwas einfallen lassen (manches ist nicht so ganz ernst gemeint). Du musst die Vorschläge allerdings richtig zuordnen.*

impudentissimus	übervorsichtig
stultissimus	bildhübsch
optimus	außer sich vor Freude
pulcherrima	piekfein
cautissimus	zuckersüß
cupidissimus	umwerfend blöd
sedulissimus	ein ganz mieser Typ
elegantissimus	erstklassig
infelicissimus	stinkfaul
aegerrimus	rotzfrech
improbissimus	todunglücklich
novissimus	ganz versessen auf
laetissimus	arbeitswütig
suavissimus	todkrank
pigerrimus	brandneu

32,5 1. *vox, sermo, dicere ... Du kennst noch über 15 weitere Wörter, die zum Sachfeld »reden, sprechen« gehören. Schreibe sie auf.*

....

....

....

2. *venire, currere, ire ... Du kennst noch über 15 weitere Wörter, die zum Sachfeld »gehen, laufen« gehören. Schreibe sie auf.*

....

....

....

32,6 *Zum Abschluss ein Silbenrätsel für Leute, die Spaß verstehen.*

1. *Er war dafür zuständig, dass den Menschen der Himmel nicht auf den Kopf fiel.* ....

2. *Seine Schallwellen brachten Steine aus der Fassung.* ....

3. *Ihre Textilien verwirrten die Männer.* ....

4. *Wer sie als Kneipe für Medizinstudenten ansah, wurde oft eines Schmerzhaften belehrt.* ....

5. *Er musste sich genau merken, was er heute gesagt hatte, sonst sagte er morgen zur Enttäuschung seiner Zuhörer womöglich dasselbe.* ....

6. *Er verschrieb keine Rezepte gegen böse Geister.* ....

a – at – ber – ca – car – cra – des – di – hip – las – lo –
me – na – ne – ne – or – pe – pe – pheus – po – ta – tes

33

33,1 *Übersetze in dein Heft.*

Im Jahre 15 n. Chr. unternimmt Germanicus zusammen mit seinem Unterfeldherrn Caecina einen Feldzug gegen die zwischen Ems und Lippe lebenden Germanen.

De loco cladis Varianae

Deinde agmen ductum est ad loca non procul Teutoburgiensi saltu sita, in quo reliquiae Vari et legionum insepultae iacebant. Igitur Germanicus cupidus fuit
5 solvendi suprema militibus ducique. Misso Caecina cum parte militum, ut viam muniret per silvas et paludes, incedunt maestos locos.

Prima Vari castra trium legionum manus ostendebant; deinde castello minore exstructo superstites
10 pugnae primae se defendisse videbantur; medio campi albentia ossa, ut fugerant, ut resisterant, disiecta vel aggerata iacebant.

Igitur Romanus exercitus sextum post cladis annum commilitonum ossa magno tumulo sepelivit maestis
15 simul animis atque aucta in hostem ira. In exstruendo Germanicus primum caespitem in tumulo posuit.

Varianus, a, um: des Varus
deinde (Adv.): darauf
Teutoburgiensis saltus, us m.: Teutoburger Wald
reliquiae, arum: Überreste
insepultus, a, um: unbeerdigt
suprema solvere: die Totenehre erweisen

manus (Pl.) *hier:* Schanzarbeit

albentia ossa (n. Pl.): bleiche Gebeine
disicere: verstreuen
aggerare: aufhäufen

sextus, a, um: der sechste
tumulus: Grabhügel
auctum (PPP von augere): vergrößern
caespes, pitis m.: Rasenstück *(Ein Grabhügel wurde wie ein Erdwall mit Rasenstücken abgedeckt.)*
103 Wörter; nach Tacitus, Annalen I,50ff.

33,2 *Warum müssen diese Römer bloß ihre Pronomina auch noch deklinieren!?! (Dem Ausländer, der Deutsch lernt, geht es auch nicht besser – falls das ein Trost ist.) Fülle die Tabellen aus.*

Singular Nom.	Genitiv	Dativ	Akkusativ	Ablativ
illa clades				
		huic ponti		
	eius operis			
			poetam quendam	
	istius fluminis			
				hac nave
mater ipsa				

Plural Nom.	Genitiv	Dativ	Akkusativ	Ablativ
illi exercitus				
		quibusdam gentibus		
	earum partium			
				(a) civibus ipsis
hi milites				
			has voces	
	illarum virium			

33,3 *Fertige ein Satzschema zu folgendem Satz an.*

Milites, cum fama exercitum a Germanis circumventum et deletum esse per castra pervasisset *(sich verbreitet hatte)* nuntiique, qui per pontem in castra venerant, Germanos infesto agmine Rhenum petere narravissent, concurrerunt, ut pontem, quem ipsi anno proximo *(im Jahr zuvor)* confecerant, delerent.

Hauptsatz	Gliedsatz 1. Ordnung	Gliedsatz 2. Ordnung

Dann übersetze den Satz.

....

....

....

....

33,4 *Wir helfen den Römern beim Bau einer Rheinbrücke. Füge in die deutschen Teilsätze die »Bausteine« ein und übersetze sie.*

1. pontem exstruendi causa / um eine Brücke zu bauen
   wurden Experten aus Rom herbeigerufen.

2. Einige von ihnen meinten zwar,
   non esse causam exstruendi / es gebe keinen Grund zu bauen

3. Andere jedoch empfahlen dringend,
   ut pons exstrueretur / dass eine Brücke gebaut werde

4. Nachdem der Feldherr den Soldaten eine Belohnung versprochen hatte, waren sie freudig bereit
   ad exstruendum / zum Bauen

5. in exstruendo / beim Bauen
   stießen die Römer auf technische Schwierigkeiten, die aber behoben werden konnten.

6. hunc pontem exstruendo / durch den Bau dieser Brücke
   zeigten die Römer den Germanen ihre Macht.

7. ponte exstructo / nach dem Bau der Brücke
   war die Verbindung zu den germanischen Stämmen hergestellt.

8. per pontem exstructum / über die gebaute Brücke
   rollte dann der Verkehr.

9. in ponte exstructo / auf der gebauten Brücke
   stand eine Statue des Kaisers.

Und nun die Bausteine:

per pontem exstructum	in exstruendo	pontem exstruendi causa
non esse causam exstruendi	ponte exstructo	in ponte exstructo
hunc pontem exstruendo	ad exstruendum	ut pons exstrueretur

33,5 *Wir machen (dumme) Sprüche. Erkläre die Bedeutung (nur eine trifft jeweils zu) von:*

1. Homo homini lupus
   a) Auf je zwei Menschen kommt ein Wolf.
   b) Die Menschen gehen miteinander um wie Wölfe.
   c) Die Menschen stammen vom Wolf ab.

2. Post hoc – propter hoc.
   a) Deswegen bekommen wir diese Post.
   b) *Post* und *propter* stehen mit dem gleichen Kasus.
   c) Wenn zwei Ereignisse nacheinander geschehen, meint man oft, das erste sei die Ursache des zweiten.

3. Relata refero.
   a) Ich berichte über eine Frau namens Relata.
   b) Ich erzähle nur weiter, was man mir selber erzählt hat.
   c) Ich ziehe die Behauptung zurück.

4. Aut Caesar aut nihil.
   a) Wer im alten Rom nach der Kaiserwürde strebte, erreichte entweder sein Ziel oder er ging unter.
   b) Das war kein anderer als Caesar.
   c) Dem Kaiser kann gar nichts passieren.

5. *Als in früheren Jahrhunderten der von den Habsburgern regierte Staat Österreich* (Austria) *sich dauernd durch Zuwachs von Nachbarstaaten vergrößerte, sagte man*

   Bella gerant alii, tu, felix Austria, nube!   *Was meinte man damit?*

   a) Dass die Habsburger andere zwangen für sie Kriege zu führen.
   b) Dass der Kaiser von Österreich nach jedem Krieg eine andere heiratete.
   c) Dass die Habsburger durch geschickte Heiratspolitik häufig die Kronen anderer Länder erbten.

34

34,1 *Übersetze in dein Heft.*

In seinem im Jahr 371 geschriebenen Gedicht »Mosella« preist Ausonius die Stadt Trier, damals Hauptort der gallischen Provinz Belgica. Das Jahrhundert, in dem er lebte, war von Kriegen mit den andrängenden Germanen erfüllt; der *limes Germanicus* war schon im Jahr 250 von den Römern aufgegeben und das Gebiet bis zum Rhein geräumt worden.

De Treverica urbe

Iam Gallia quoque Romanorum armis olim pacata et Treverica urbs, quae – proxima Rheno, secura tamen – in gremio pacis medio quiescit, celebrari a poeta volunt.

5 Certe urbs nobilis cunctas imperii vires alit, sed humanitate litterisque quam armis laudari mavult. Cuius lata moenia per collem campumque currunt. Mosella fluvius tranquillas aquas inter montes altos flectens hic ponte transcenditur, cum mercatores etiam e longinquis terris
10 omnia commercia nobis praebere velimus.

Sis dives, o praeclara urbs! Utinam semper adsint vires, quas hostes timeant! Ne verita sis, o Mosella, Germanorum gentes infestas! Hinc veniat pulchra pacis restitutae laurea imperatori exercituique Romano!

15 Sic Gallia verus habebitur limes.

Treverica urbs = Trier

pacatus, a, um: unterworfen
Rhenus: Rhein
gremium: Schoß

nobilis *hier:* berühmt
cunctas vires alit: sie vereint alle Kräfte in sich
humanitas, tatis f.: Bildung
moenia, ium (n. Pl.): Mauern
campus *hier:* Ebene
tranquillus, a, um: ruhig
longinquus, a, um: weit entfernt
terra: Land
commercia (n. Pl.): Waren

timeant: *übersetze wie* timent
hinc (Adv.): von hier
laurea: Lorbeer(kranz)

habere: halten für
104 Wörter; frei nach Ausonius, Mosella

34,2 *1. Weswegen preist der Verfasser die Stadt Trier?*

....
....
....
....

2. Was ist mit dem Satz Zeile 15 gemeint?

....
....
....
....

34,3 *Ob arm, ob reich, ob alt, keiner bleibt verschont. Ergänze die Tabelle.*

vicinus	pauper		
matrem			
iudicis		divitis	
regum			
reginae			
(reginae)			
(reginae)			
senatores			veteres
latronibus			
magistri			
(magistri)			

34,4 *Wir sortieren Ablative. Übersetze die Sätze in dein Heft. Trage alle Ablative, geordnet nach ihrer semantischen Funktion, in die Liste ein.*

1. Socrates oraculo Apollinis non contentus multos cives adiit interrogans et inquirens, num quis se sapientior esset. Qua re fiebat, ut multis civibus odio esset.
2. Ante Theseum[1] nemo labyrintho vivus exierat; Minotaurus[2] omnes, qui intraverant, saevis viribus oppresserat.
3. Hercules veneno Hydrae non terrebatur, sed firmo animo monstrum gladio adiit.
4. Magdalia hominem non esse felicem putabat nisi bonis animi.
5. Eo tempore, cum Germanicus cum exercitu iam plus duobus mensibus in Germania aberat, fama in castris crescebat exercitum a Germanis deletum esse. Tum milites pontem in Rheno factum delendo commilitonibus reditum interclusissent, nisi Agrippina irato animo in ponte constitisset eosque oratione vehementi deterruisset.
6. »Sum capite maior fratre.«

   1 **Theseus**: ein athenischer Sagenheld   2 **Minotaurus**: ein Ungeheuer auf der Insel Kreta

ablativus

comparationis ....

mensurae ....

causae ....

modi ....

instrumenti ....

separativus ....

loci ....

sociativus ....

temporis ....

34,5 *Die Gefühle eines Fans beim Fußballspiel. Übersetze seine Wünsche ins Lateinische.*

1. *Zu Beginn des Spiels:* Hoffentlich gewinnen unsere Spieler *(lusores)* heute.

....

2. *Julius, der Mannschaftskapitän, humpelt zur Ersatzbank; seine Verletzung aus dem letzten Spiel macht ihm zu schaffen.* Würde doch Julius nicht durch eine Verletzung *(vulnus)* behindert!

....

3. *Dieser Schiedsrichter! Diese Flasche kennen wir doch noch vom letzten Mal!* Wäre doch der Schiedsrichter *(arbiter, tri)* ein guter Mann!

....

4. *Jetzt steht unser Stürmer frei vorm Tor.* Hoffentlich bringt er den Ball ins Tor! *(pilam in portam inferre)*

....

5. Ja!!! Er ist drin! Jetzt steht es 1:0. Das Spiel geht weiter. Au weii! Der Schiedsrichter zieht die rote Karte gegen unseren Torwart. Das war doch eine Schwalbe des Stürmers! Hätte er ihm doch nicht die rote Karte *(charta rubra)* gezeigt!

....

6. Natürlich! Das Foul an unserem Stürmer übersieht er! Arbiter ad telephonum! Hätte er doch besser aufgepasst *(meliore animo adesse)*!

....

7. Jetzt kommen die letzten zwei Minuten; die Gegner laufen Sturm auf unser Tor. Würde das Spiel doch jetzt beendet!

....

8. Die Mannschaft hält das 1:0. Hurra!! Würden wir doch immer gewinnen!

....

34,6 *Du kennst* adire, addere (*ad-dare), adesse, advenire, *auch* af-ferre, ap-portare. *Erschließe die Bedeutung von*

admovere .... admittere ....

advertere .... advehere ....

adiacēre ....

Erinnere dich an die Bedeutung von exire, expellere, eligere (*ex-legere), edere (*ex-dare). *Erschließe die Bedeutung von*

excedere .... excipere ....

excurrere .... efferre ....

emittere .... exclamare ....

erumpere .... eicere ....

35

35,1 Der römische Staat war seit dem Ende des 2. Jahrhunderts eine Militärdiktatur. Der Kaiser, gestützt auf sein Heer, herrschte unumschränkt, was nicht ausschloss, dass es unter der städtischen Bevölkerung von Rom aus oft nichtigen Anlässen zu bedrohlichen Unruhen kam. Die Stadtpräfekten waren deswegen gehalten solche Unruhen sofort mit Terror zu unterdrücken, ohne Rücksicht auf sonst gültige Rechtsgrundsätze oder auf Opfer in der Bevölkerung.
Der hier erwähnte (sonst unbekannte) Petrus Valvomeres war sicher ein völlig unschuldiger Mensch. Sein Unglück war lediglich, dass er dem Präfekten, der aus irgendeinem Grunde seinen Namen kannte, auffiel.

Übersetze in dein Heft.

De Leontio praefecto urbis

Illo tempore Leontius praefectus aeternam urbem regens multa boni iudicis exempla praebebat: in audiendo celer, in rebus iudicandis iustissimus, sed auctoritatis servandae causa acer quibusdam videbatur et paratissimus ad damnandos reos.

Prima causa seditionis in eum concitandae fuit parva: Cum enim Philoromus auriga, amicus plebis, in custodiam raperetur propter iniuriam quandam, secuta plebs praefectum Leontium ira vehementi aggressa est.

Sed ille tumultuantium hominum gregem adire ausus, cum videret quendam inter ceteros eminentem virum magni corporis rutilique capilli, interrogavit, num ipse esset Petrus Valvomeres. Cum respondisset se esse, eum vinctis post tergum manibus suspendi iussit. Quod cum vidisset, omnis plebs, audax paulo antea, per silentium cunctas in urbis partes discessit.

Leontius: *Eigenname*
praefectus: Stadtkommandant

damnare: verurteilen

seditio, ionis f.: Aufruhr
concitare: entfesseln
Philoromus: *Eigenname*
auriga, ae m.: Rennwagenlenker
custodia: Polizeiwache

tumultuari: toben

rutilus, a, um: rötlich
capillus: Haar
Petrus Valvomeres: *s. Einleitung*
vinctus, a, um: gefesselt
post tergum: hinter dem Rücken
suspendere: aufhängen
paulo (Adv.): etwas
113 Wörter; Ammianus Marcellinus, Res gestae XV,7

35,2 *Ein und dasselbe kann oft durch mehrere Formulierungen ausgedrückt werden.*

Creon imperat, ut Eteocles cum honoribus sepeliatur.
Creon: »Eteocles cum honoribus sepeliendus est!«

Verwandle.

1. Creon imperat, ut Polynices sine sepulcro relinquatur.

   Creon: » ....«

2. Creon imperat, ut hostis puniatur.

   Creon: » ....«

3. Creon imperat, ut ira regis timeatur.

Creon: »………………………………………………………………………………………….«

4. Antigone postulat, ut officia erga deos praestentur.

Antigone: »……………………………………………………………………………………….«

5. Lex postulat, ut et altera pars audiatur.

Lex: »……………………………………………………………………………………………..«

6. Iuppiter: »Tantalus in Tartarum mittendus est!«

Iuppiter imperat, ut ………………………………………………………………………………….

7. Iuppiter: »Vir scelestus severe puniendus est!«

Iuppiter imperat, ut ………………………………………………………………………………….

8. Iuppiter: »Semper illi in timore mortis vivendum est!«

Iuppiter imperat, ut ille …………………………………………………………………………….

35,3 *Du kennst die Formen PPA, PPP, Gerundium und Gerundivum. Ordne die unten aufgeführten Wörter in die Spalten ein. Einige Formen lassen sich mehrfach zuordnen.*

PPA	Gerundivum	Gerundium	PPP

ignorantibus – *numeros* minuendos – *milites* fatigando – *turribus* exstructis – laudante – laudati – credenti – cadendo – ad persequendum *hostem* – *itinere* facto – advenientis – decipiendi – decipienti – punitas – referenda – agendus – agentibus – vigilandi – vincentibus – vincendi – regens – *sagittas* mittendo – regentes

35,4 *Irrläufer – ein Wort passt nicht in die Reihe.*

1. terra, mons, campus, collis, fluvius, furtum, flumen, mare, ora, palus ....

2. adesse, sedere, consistere, stare, manere, iacēre, redire, pendēre,

   requiescere ....

3. eundum, obtinendum, manendum, blandum, laudandum, ambulandum,

   ponendum ....

4. cras, hora, dies, diu, nuper, antea, hodie, mensis, nimis, quando, postquam, ubi ....

5. nefarius, scelestus, improbus, ignotus, malus, crudelis ....

35,5 *Setze die Lösungswörter in die freien Kästen ein. Die dick umrandete Spalte nennt ein sagenhaftes Ungeheuer.*

1.														
2.														
3.														
4.														
5.														
6.														
7.														
8.														

1. Auch noch als Herr der Welt schleppte *er* einen Spitznamen mit sich herum.
2. *Er* war ein Muttersöhnchen mit Mordgedanken.
3. *Sie* ist heute noch ein imponierendes Gebäude, nach ihrer Farbe benannt.
4. *Das* ist eine der Lieblingsbeschäftigungen des Antronius.
5. *Ihm* war die Dummheit ein dickes Buch wert.
6. Zu *ihrer* Geburt waren Soldaten die ersten Gratulanten.
7. Trotz blonder Haare waren *sie* treue Römerfreunde am Rhein.
8. *Sein* Siegesdenkmal steht heute wahrscheinlich nicht da, wo er damals gesiegt hat.

36

36,1 *Übersetze in dein Heft.*

1. De incendio urbis Romae

Nerone imperatore in urbe Roma accidit incendium cunctis, quae antea huic urbi acciderant, gravius. Initium erat in ea urbis parte, quae Palatino Caelioque montibus
5 finitima est. Ignis statim vehemens vento alebatur atque longe lateque veteres urbis partes perdidit. Sex denique diebus post apud Esquilinum collem finis incendio factus est cunctis domibus insulisque ita deletis, ut loca velut vacuus campus viderentur.

10 Sed rumor erat incendium a Nerone Caesare ipso iussum, ut spatium fieret novae Caesaris domus exstruendae.

incendium: Brand
Nero, Neronis: *röm. Kaiser 54–68 n. Chr.*
initium: Anfang
Palatinus, Caelius, Esquilinus: *Hügel Roms*
ventus: Wind

velut: gleichsam

rumor, rumoris m.: Gerücht
spatium: Platz
80 Wörter

2. Der Römer Tacitus schildert die erste Christenverfolgung in Rom

Nero ergo, ut rumorem finiret, auctores incendii subdidit et crudelissimis poenis affecit eos, qui Christiani appellabantur. Auctor nominis eius Christus Tiberio imperatore
5 per procuratorem Pontium Pilatum supplicio affectus erat. Punita, non exstincta ea superstitio rursus erumpebat non modo per Iudaeam, originem eius mali, sed etiam per urbem, quo cuncta undique pudenda confluunt celebranturque.

10 Multi igitur Christiani incendii criminis condemnati sunt ita, ut crucibus affixi et inflammati hortis Caesaris noctu lucem praebentes crudeliter necarentur.

subdidit: er beschuldigte fälschlicherweise

Tiberius: *röm. Kaiser 14–37 n. Chr.*
procurator, oris: Statthalter
Pontius Pilatus: *Statthalter in Judäa*
erumpere: ausbrechen
Iudaea: *die röm. Provinz* Judäa
origo, ginis f.: Ursprung, Ursprungsland
pudenda (n. Pl.) *hier etwa:* schamloses Treiben
confluere: zusammenströmen

incendium *hier:* Brandstiftung
condemnare (m. Gen.): verurteilen wegen etw.
crucibus affixi: ans Kreuz geschlagen
73 Wörter; nach Tacitus, Annalen 15,38ff.

36,2 1. *Wie beurteilt Tacitus in Text 2 die christliche Religion? Vergleiche mit dem Urteil seines Zeitgenossen Plinius im Lehrbuch, Lektion 36.*

....

....

....

....

2. *Wie beurteilt Tacitus die Stadt Rom?*

....

36,3 *Welche lateinische Vokabel fällt dir zu folgenden englischen Wörtern ein? Wenn unbekannt, informiere dich im englischen Lexikon, was sie bedeuten.*

number .... tacitly ....

stupid .... suburb ....

imminent .... to adjoin ....

refugee .... vicinity ....

peril .... persecution ....

fridge *Abk. von* frigidary ....

pram *Abk. von* perambulator ....

accelerator ....

sollicitor ....

referee ....

36,4 *Hast du noch alle beisammen? (Wir meinen die vielen Bedeutungen der Konjunktion* cum.) *Wenn nicht, dann hilft eine Wiederholung der §§ 68 und 123 der Begleitgrammatik.*
Füge die lateinischen Teilsätze in die deutschen Sätze ein und gib in den Klammern die semantische Funktion des cum *an.*

1. a) Theseus ließ seine Ariadne sitzen,
   .... (................).

   b) Die schwarzen Segel blieben am Mast,
   .... (................).

   c) .... (................),
   stürzte er sich ins Meer.

2. a) .... (................),
   machten viele Ungeheuer Griechenland unsicher.

   b) .... (................),
   bekamen die Monster kalte Füße.

3. a) .... (................),
   bekam Nero Platz für den Bau seines neuen Palastes.

   b) .... (................),
   verdächtigten sie den Kaiser als Brandstifter.

4. Eo tempore, ... (................),
   hatten die Baufirmen viel zu tun.

5. .... (................),
   kam ihm immer was dazwischen.

6. Schon wollte der Bauherr ins neu gebaute Haus einziehen,

   .... (............................).

7. Die Klasse turnte über Tisch und Bänke,

   .... (............................).

> cum incolae urbis id cognovissent – cum magna urbis pars igne deleta esset –
> cum pater id vidisset – cum iudex apparuit et interrogavit, cui trabes *(Dachbalken)*
> essent – cum magnus numerus deorum dearumque adorabatur –
> cum magister apparuit – cum se eam in matrimonium ducturum promisisset –
> cum Eurystheus regnabat – cum Minotaurus superatus esset –
> cum Hercules cum clava apparebat – cum amicam convenire volebat

36,5 *DATIVI TIBI REPETENDI SUNT. Dative stehen zur Wiederholung an. (Die §§ 37, 55, 163 der Begleitgrammatik geben wenn nötig Hilfe.) Ordne sie in die Sätze ein und gib in den Klammern ihre semantische Funktion an. Dann übersetze in dein Heft.*

> domino – saluti – homini sano – cui – illi medico –
> militibus Romanis – tibi – Germanico exercituique

1. .... (....................................) castra munienda, turres exstruendae, pontes in fluminibus faciendi erant.

2. Oratio, qua Agrippina milites in delendo ponte occupatos admonuit, ...

   .... (............................) .... (............................) fuit.

3. .... (..............................) prodest interdum se exercere, interdum autem quiescere.

4. Philosophus quidam: » .... (..............................) gratiam non habeo, si me non tamquam amicum tractat.«   **gratiam habere**: Dankbarkeit empfinden

5. Si quid alienum sustuleris et scis, ... (..............................) sit,

   id .... (........................) .... (................................) reddendum est.

37

37,1 *Übersetze in dein Heft.*

Lactantius, vir doctus et Christianus, scripsit   **Lactantius**: Laktanz, *Theologe, lebte um 300*

non modo litteras sacras, sed etiam ipsos philosophos   **litterae sacrae**: die Heilige Schrift
nonnumquam docuisse ad iustitiam nasci homines;   **nonnumquam** (Adv.): manchmal
nam Ciceronem dixisse: »Omnium, quae ab hominibus
5 doctis disputantur, nihil est melius quam intellegi nos
esse ad iustitiam natos.«

Hoc esse verissimum Lactantius dicit: neque enim nos
ad scelus nasci, cum homo sit animal sociale et commu-   **animal**, lis n.: Lebewesen
ne; bestias natura saevas esse; aliter enim quam praeda et   **socialis**, e: sozial
    animal commune: Gemeinschaftswesen
10 sanguine vivere non posse; quanto magis hominem, qui   **quanto**: um wie viel
cum homine facultate linguae et sensus sit iunctus, ho-
mini auxilium ferre oportere eumque diligere, nequa-
quam autem ei nocere; hanc esse iustitiam.

»Sed quoniam«, inquit, »soli homini sapientia data est, ut
15 Deum intellegat, duobus officiis obstricta est ipsa iusti-   **obstrictus**: festgelegt, gebunden
tia: unum Deo debet ut patri, alterum homini ut fratri.
Oportet autem scire nos, quid Deo, quid homini debea-
mus: Deo religionem, homini caritatem.«   **caritas**, tatis f.: Nächstenliebe
    134 Wörter; Lactantius, Institut. div. I,29

37,2 *Der **Zweck** heiligt die Mittel, jedenfalls manchmal beim Fußball. Übersetze in dein Heft und schreibe alle Ausdrücke mit **finaler** Semantik in die Tabelle. Die benötigten Vokabeln siehst du dir am besten vorher an; manche Bedeutungen kannst du dir schon denken. (Die Idee zu dieser Grammatikübung verdanken wir dem sehr lesenswerten Buch von Sigrid Albert, Cottidie latine loquamur, Saarbrücken 1987.)*

lusor: Spieler   **initium**: Beginn   **fautor**: Fan   **defensor**: Verteidiger   **adversarius**: Gegner
area poenalis: Strafraum   **opponere**: entgegenstellen   **prosternere**: zu Fall bringen   **arbiter**, tri: Schiedsrichter
rubra charta: rote Karte   **hirundo**, dinis f.: Schwalbe   **ictus undecim metrorum**: Strafstoß
praeter (m. Akk.): an … vorbei

Ludus incipit. Statim lusores contendunt, ut pilam iam initio temporis in portam inferant, nam ea re efficere volunt, ut animi lusorum confirmentur. Fautores lusorum maximis vocibus suos incitant, ut fortiter et strenue agant celeriterque »portam« faciant.
Defensores autem omnibus modis portam defendunt, ne adversarii cum pila portae appropinquent.
Tandem adversarius quidam celeriter in aream poenalem invadit, commilitoni pilam in portam

inferendam tradit. Qui eam iam in portam missurus est, cum defensor quidam magna perfidia agit: currentem opposito pede impedit, ne pilam inferat, eumque prosternit. Quae res ei ipsi perniciei est, nam arbiter rubra charta prolata ei indicit, ut campo exeat, quamquam fautores defensoris clamant: »Iste hirundinem fecit!« et arbitro maledicere non desinunt. Sed ictus undecim metrorum, qui sequitur, praeter portam mittitur. Tandem ludus »nullum ad nullum« finitur. Lusores contenti esse videntur, sed spectatoribus ille ludus gaudio non fuit.

37,3 *Fülle die Tabellen aus.*

Singular Nom.	Genitiv	Dativ	Akkusativ	Ablativ
				anno toto
			principem alterum	
aliud onus				
				uno carmine
	illius roboris			
ullus orator				

Plural Nom.	Genitiv	Dativ	Akkusativ	Ablativ
ista onera				
			illas opes	
				legibus veteribus
poetae nobiles				

37,4 *Satzglieder erkennen und unterscheiden. Welche syntaktischen Funktionen können die folgenden Wörter bzw. Wortgruppen ausfüllen? Ordne sie in die Tabelle ein. Einige passen in mehr als eine Gruppe.*

pauci – nimis – nobilem – maleficium – circumitur – mentitur – medio in flumine – retro – felicium – priusquam filio adesse potuit – senatoribus – stultos – censuerunt – multis cum lacrimis – docti – patrem – muri exstruendi causa – concordia facta – pueri – strenuis – tempestatem – consules – proelio renovato – tertio anno – ad morem Romanum redeundi – in arbore – de oratore laudando – laudato – Christianos gladio animadverti (placet) – Christianos gladio animadverti (iubeo).

Welche Funktion hat das Wort proconsul *im Satz* Saturninus, qui proconsul Africam provinciam administrabat, multos Christianos ad mortem duci iussit?

Subjekt ....

....

Prädikat ....

....

Akkusativobjekt ....

....

Dativobjekt ....

....

Attribut ....

....

....

Adverbiale Bestimmung ....

....

....

....

Prädikativum ....

38

38,1 *Übersetze in dein Heft.*

Karolus scholam visitat

Karolus, cum post longum tempus in Galliam revertisset, ad se venire pueros, quos Clementi magistro mandaverat, qui litteras eos doceret, et sibi demonstrare ius-
5 sit, quae didicissent. Statim pueros ignobiles strenue litteris studuisse, nobilium autem filios pigerrimos fuisse cognovit.

Tum sapientissimus Karolus, qui puerorum mentes novisset, aeterni iudicis iustitiam secutus bonos ad dex-
10 teram segregavit atque his verbis allocutus est: »Multas gratias habete, filii, qui praecepta mea non obliviscamini scientiaeque libenter studeatis! Si studia vestra perfeceritis, magna beneficia a me accipietis. Semper honorabiles eritis in oculis meis.«

15 Deinde ad sinistros horribili voce, ut iram regis timerent, »Vos nobiles«, inquit, »vos primorum filii, qui litterarum studiis neglectis luxuriae, ludo, inertiae vos dedidistis ...!! Per regem caelorum!! Odi ignorantiam vestram, qui divitiis potentiaeque patrum confidentes
20 mandatum meum neglegatis. Nisi ignominiam vestram vehementi studio recuperaveritis, a Karolo numquam boni aliquid accipietis.«

schola: Schule

Clemens, ntis: *ein gelehrter Schotte, dem Karl eine seiner Lateinschulen übertragen hatte*

ignobilis, e: nicht adlig
strenuus *hier:* fleißig

iustitia *hier:* Strafgericht
ad dexteram: auf die rechte Seite
segregare: gesondert stellen
praeceptum: Lehre; Anweisung

beneficia: Wohltaten *(z. B. hohe Ämter in der Kirche)*
honorabilis, e: ehrenwert

sinister, stra, um: links

luxuria: üppiges Leben
inertia: Faulheit
per *hier:* bei

mandatum: Gebot

recuperare: wieder gutmachen

138 Wörter; Notker, Gesta Karoli I,3

38,2 *Was ist Zeile 9 mit* aeterni iudicis iustitiam *gemeint? Wo finden sich im Text weitere Belege dafür, dass Karl hier wie der* aeternus iudex *auftritt?*

....

....

....

....

38,3 *Nichts geschieht ohne Grund, meinen manche Philosophen.* **Kausalität** *kennen auch die Lateiner, unser Computer anscheinend nicht, denn er hat die lateinischen Gliedsätze völlig durcheinander gebracht. Ordne sie den passenden deutschen Halbsätzen zu und übersetze sie.*

1. Quia ipse bona valetudine utebatur, *bekamen die adligen Schüler Karls Zorn zu spüren.*

....

....

2. Quod eum assa *(gebratenes Fleisch)* dimittere iubebant, *wurden die Schüler einfacher Herkunft von Karl belohnt.*

....

....

3. *Um Karls Töchter bewarben sich viele Adlige,* cum studiis neglectis inertiae se dedidissent.

....

....

4. *Doch der Vater gab sie nicht her,* cum labor sero inchoatus esset.

....

....

5. Quod Karolus et Galliae et Germaniae imperavit, *nahmen Wissen und Bildung in Karls Reich zu.*

....

....

6. Quoniam ipse in potu temperantissimus erat, *lernte Karl selber nie richtig schreiben.*

....

....

7. *Karl war im Trinken für seine Tischgenossen ein gutes Beispiel,* quod, ut dixit, eis carere non potuit.

....

....

8. *Karl ließ sich von den Ärzten wenig dreinreden,* cum Karolus artibus liberalibus omni modo studeret.

....

....

9. *Karl hasste die Ärzte beinahe,* quoniam pulcherrimae erant.

....

....

10. *Franzosen und Deutsche betrachten Karl als ihren Herrscher,* cum mandata *(Gebote)* regis secuti essent.

....

....

38,4 *Zur Abwechslung eine Lockerungsübung im Konjugieren. Fülle die freien Kästchen aus.*

Präsens					sequor
Futur I		minabuntur			
Präs. Konj.					
Impf. Konj.	taceret				
Perfekt				mentitus es	
Perf. Konj.			obtulerimus		
Plpf. Konj.					

Impf.	sentiebatis				
Futur I			duces		
Präs. Konj.					doceamus
Impf. Konj.					
Plpf.	usae erant				
Plpf. Konj.					
Futur II				locutus ero	

38,5 *Falsch oder richtig?? – Du wirst es wissen.*
Kreuze die Behauptungen an, die deiner Meinung nach falsch sind.

1. Karl war religiös tolerant. Auch Nichtchristen lehrten an seinen Schulen.   ○

2. Schon zu Karls Zeit gab es zwei christliche Kirchen: die griechisch-orthodoxe und die römisch-katholische.   ○

3. Um 800 gab es in Europa zwei Kaiser.   ○

4. Die Sachsen waren Karls treue Bundesgenossen im Kampf gegen die Heiden.   ○

5. Auch der Staat des Papstes in Italien gehörte zu Karls Reich.   ○

6. In Spanien herrschten zu Karls Zeit islamische Araber.   ○

7. Schulsport gehörte zu den sieben freien Künsten.   ○

8. Die Franken haben verhindert, dass der Islam weiter nach Europa vordrang.   ○

39

39,1 *Übersetze in dein Heft.*

Aenea Silvio de Sacro Imperio Romano

Est alia maior causa, quae vestrum imperium minuit, nisi intervenietis. A pluralitate principum philosophi abhorrent; vos ea gaudetis. Nam quamquam imperato-
5 rem et regem et dominum vestrum dicitis, potentia eius est nulla. Tantum ei paretis, quantum vultis – vultis autem minimum.

Libertas omnibus vobis placet; neque civitates neque principes imperatori dant, quod suum est. Nulla sunt ei
10 vectigalia, nullum aerarium. Suae quisque rei iudex est.

Hinc discordiae inter vos crebrae sunt et civilia bella, ex quibus rapinae, incendia, caedes fiunt et mille malorum genera.

Ibi intervenire oportet, ubi plura imperant capita; nullo
15 enim modo alios regere possunt, qui sibi ipsi nesciunt imperare.

Aenea Silvio: *s. Informationstext im Lehrbuch zu Lektion 39*
Sacrum Imperium Romanum: *(Bezeichnung für)* das Deutsche Reich (um 1450)
intervenire: einschreiten; etw. dagegen tun
pluralitas, tatis f.: Vielzahl

tantum … quantum: so viel … wie (viel)

civitates: freie Reichsstädte
principes *hier:* die Reichsfürsten
vectigal, galis n.: Steuereinnahmen
aerarium: Staatskasse

rapinae: Raubzüge
incendium: Brandstiftung
mala (n. Pl.): Übel

plura (n. Pl.) *hier:* mehrere

106 Wörter; Aenea Silvio de' Piccolomini, de ritu, situ, moribus Germaniae descriptio VII

39,2 *Wir bewegen uns durch die Jahrhunderte. Erschließe die Zahlen und übersetze:*

1. C. Iulius Caesar anno a. Chr. n. centesimo natus et anno a. Chr. n. quadragesimo quarto ab inimicis occisus est.

....

2. Karolus Magnus anno septingentesimo et duodeseptuagesimo Francorum rex creatus, anno octingentesimo Romae Imperator Romanorum coronatus, anno octingentesimo decimo quarto Aquisgrani mortuus est. **coronare**: krönen **Aquisgranum**: Aachen

....

....

3. Bellum triginta annorum anno millesimo secentesimo duodequinquagesimo pace Monasteriensi et Osnabrugensi finitum est. **Monasteriensis**, e: von Münster **Osnabrugensis**, e: von Osnabrück

....

4. Hic libellus, quem in manibus habetis, anno bis millesimo impressus est. **imprimere**: drucken

....

Zahlen, mal dekliniert, mal nicht.

5. Cerberus monstrum trium capitum fuit, Hydra e novem vel duodecim capitibus flammas in Herculem misit.

....

6. Caesar scripsit Germanos duabus rebus a ceteris populis differre, quod vita eorum omnis in venando et bellis gerendis consisteret et quod agros non colerent. **consistere in**: bestehen in

....

....

39,3

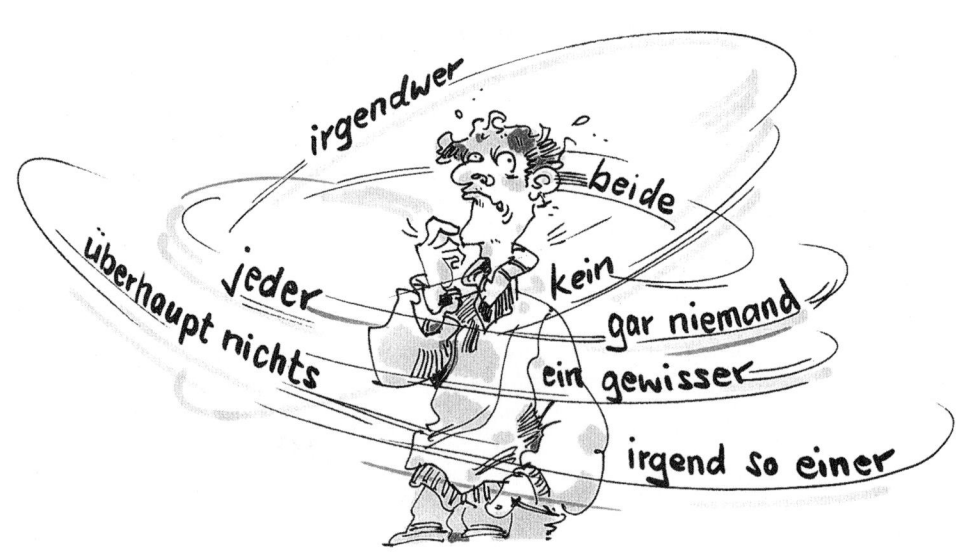

Wer sieht klar im Unbestimmten? Übersetze in dein Heft.

1. Aliquid me vexat, sed nescio, quid sit.
2. Theseus Ariadnam in insula quadam reliquit.
3. Philosophus quidam dixit: »Suum cuique dare, ea iustitia est.«
4. »*Gestern war eine tolle Party bei euch*, neque quisquam me invitavit!«
5. Faustulus utrumque geminum servavit.
6. Neque ullo tempore id mihi utile fuit.
7. Iste vir nemini ulla in re fidem habuit.
8. Nemo hostes ab urbe invadenda impediebat.

39,4 *Wo tut's denn weh? Doch wohl nicht überall! – Der ablativus limitationis grenzt den Schaden ein.*

Jemand ist zu Fuß über den Harz marschiert. Jetzt ist er pedibus aeger: »*In Beziehung auf seine Füße krank*«, *aber sonst gut drauf; also nur:* fußlahm.

Übersetze:

1. *Am Morgen nach einer Siegesfeier im Vereinslokal ist jemand* capite aeger, *was hat er also?*

   ....

2. *Nach einer 0:5-Niederlage sagt der Trainer fröhlich zur Mannschaft:* »Nolite animo cadere, commilitones!« *Was kann das heißen?*

   ....

3. *Einige meinen dazu:* »*Der ist ja* mente captus, *der hat gut reden!*« *Was soll mit dem Trainer los sein?*

   ....

4. *Andere sagen:* »*Der tut nur so zuversichtlich, der ist nur* laetus aspectu.«

   ....

5. »*Aber wir haben bis zum Umfallen gekämpft, eigentlich sind wir* victores fortitudine.«

   fortitudo, dinis f.: Kampfgeist

   ....

40

40,1 *Übersetze in dein Heft.*

De Samaritano bono

Et ecce quidam Legispertus surrexit tentans illum et dicens: »Magister, quid faciendo vitam aeternam possidebo?«

5 At ille dixit ad eum: »In lege quid scriptum est? Quo modo legis?« Ille respondens dixit: »Diliges Dominum Deum tuum ex toto tuo corde et ex tota anima tua et ex omnibus viribus tuis et ex omni mente tua: et proximum tuum sicut te ipsum.« Dixitque illi: »Recte respon-

Samaritanus: Samariter, *Angehöriger einer als unrein geltenden jüdischen Minderheit*
Legispertus: Schriftgelehrter
tentans = temptans

sicut: so wie

10 disti: hoc fac et vives.« Ille autem volens iustificare se ipsum, dixit ad Iesum: »Quis est proximus meus?« Suscipiens autem Iesus dixit:

»Homo quidam descendebat ab Ierusalem in Iericho et incidit in latrones, qui etiam despoliaverunt illum: et
15 plagis impositis abierunt semivivo relicto.

Accidit autem, ut sacerdos quidam descenderet eadem via; et viso illo praeterivit. Similiter et Levita, cum esset secus locum et videret eum, pertransiit.

Samaritanus autem quidam iter faciens, venit secus
20 eum: et videns eum, misericordia motus est. Et appropians alligavit vulnera eius, infundens oleum et vinum: et imponens illum in iumentum suum, duxit in stabulum et curam eius egit. Et altera die protulit duos denarios et dedit stabulario et ait: ›Curam illius habe: et quodcum-
25 que supererogaveris, ego, cum rediero, reddam tibi.‹

Quis horum trium videtur tibi proximus fuisse illi, qui incidit in latrones?«

At ille dixit: »Qui fecit misericordiam in illum.« Et ait illi Iesus: »Vade, et tu fac similiter.«

se iustificare: sich rechtfertigen

suscipiens dixit = respondit
Ierusalem (nicht deklinierbar): *Hauptstadt Israels*
Iericho (nicht deklinierbar): Jericho, *Stadt im Jordantal*
incidere, incido, incidi: fallen
despoliare: ausplündern
plagas imponere: schlagen
semivivus: halb tot

praeterire, -eo, -ivi, -itum: vorübergehen
similiter (Adv.): ähnlich
Levita m.: Levit, *israelischer Priester*
secus (m. Akk.): an, an … vorbei
pertransire: vorübergehen

misericordia: Mitleid
appropiare = appropinquare
alligare: verbinden
infundere oleum: Öl darauf gießen
iumentum: Lasttier
stabulum: Herberge
proferre: hervorholen
stabularius: Wirt
ait: er sagte
supererogare: darüber hinaus verlangen

vadere: gehen
219 Wörter; Lukas, 10, 28–37

40,2 1. *Warum nimmt Jesus in seinem Gleichnis gerade einen Samariter als Beispiel für einen vorbildlich guten Menschen?*

....

....

2. *Welche Rolle spielen der* sacerdos *und der* Levita *im Gleichnis?*

....

....

3. *Was soll in Zeile 2 mit* tentans illum *angedeutet werden?*

....

....

40,3 *Ordne folgenden Sätzen die unten angegebenen Partizipialausdrücke zu und schreibe die erweiterten lateinischen Sätze auf.*

1. Socrates intellegere voluit, num quis se sapientior esset.
2. Fama erat Germanos magnis itineribus Rhenum flumen petere.
3. Iudex Christianos audire noluit.
4. Plinius libellum accepit.
5. Idem nihil invenit, quod Christianis crimini daret.
6. Christiani iudici non obtemperaverunt.
7. Karolus omnes reges potentia superavit.
8. Samaritanus illum virum ut proximum curavit.

praeterire: vorübergehen

> sine auctore propositum – misericordia commotus – supplicium minanti –
> mysteria religionis suae exponentes – tribus legionibus deletis –
> imperator Romanorum coronatus – cives inspiciens et interrogans –
> reis per tormenta interrogatis   **coronare**: krönen

1. ....

2. ....

3. ....

4. ....

5. ....

6. ....

7. ....

8. ....

Übersetze die Sätze in dein Heft und gib die semantische Funktion der Partizipien an.

40,4 *Wiederhole die Vokabeln*

admirabilis – civilis – crudelis – horribilis – mortalis – immortalis – insuperabilis – liberalis – nobilis – socialis – utilis – facilis (mach-*bar*) – difficilis.

Die Endsilben (Suffixe) -bilis, -lis *bezeichnen meist Eigenschaften oder Zugehörigkeit; die deutschen Suffixe* -lich, -bar, -wert *entsprechen ihnen.*

Erschließe

laudabilis .... miserabilis ....

amabilis .... acceptabilis ....

mobilis .... stabilis ....

credibilis .... probabilis ....

docilis .... dubitabilis ....

navigabilis .... poenalis ....

40,5 *Zum Schluss noch einmal quer durch Mythen und Fakten. Trage die unten erfragten Namen in die freien Felder ein. Die dick umrandete Spalte enthält den Namen eines Mannes, der von einem Baby in Staunen versetzt wurde.*

1. Als sein Wohnzimmer brannte, hatte *er* keine Lust zu löschen, sondern ging auf Reisen.
2. *Sie* war die Traumstadt der Limessoldaten.
3. *Sie* legten eine Landkarte eines noch heute wichtigen Körperteils an.
4. Als *er* sich herabließ Secondhandkleidung zu tragen, war es aus mit ihm.
5. Die Ziegen staunten, als feine Damen durch ihre Weide stöckelten um *ihn,* ihren Chef, zu besuchen.
6. Übereifrige Strafverfolger passten nicht in *sein* Saeculum.
7. *Er* missachtete die Ergebnisse einer Leberuntersuchung. Das war sein Verhängnis.
8. *Er* ließ in Stein meißeln: »Unter meiner Regierung gab es 890 Tage Extra-Schulfrei.«
9. Ein Mosaik in Köln zeigt *ihn* und sein Gefolge bei fröhlichem Tun.